KB274575

축복의 황금률

축복의 황금률

2009년 10월 20일 초판 발행
지 은 이 • 이 기 승
발 행 인 • 김 수 곤
발 행 처 • 선교횃불
등 록 일 • 1999년 9월 21일 제54호
등록주소 • 서울시 송파구 삼전동 103번지
전　　　화 • 02-2203-2739
팩　　　스 • 02-2203-2738
E-mail • ccm2you@gmail.com
Homepage • www.ccm2u.com

책값은 뒷표지에 있습니다.
ISBN 978-89-5546-118-3 03230

축복의 황금률

이기승 지음

도서
출판 신교횃불

　필자는 1994년도에 미국 유학을 마치고 귀국한 후, 한국교회 성도들 가정의 치유와 변화를 위해 눈물로 기도하던 중에 「하루에 한 번 자녀를 축복하라」(*The Family Blessing*, 두란노)를 번역하여 내놓았다. 하나님은 그 기도를 들어주셨고, 이후 이 책을 통해 수많은 가정이 변화되고 있고, 입 소문과 선물이라는 채널을 통해 변화의 모습이 지속적으로 확산되고 있음에 감사하고 있다. 이 책 번역이 계기가 되어 필자는 바다 건너 멀리 터키를 비롯한 여러 나라에서 전화와 감사 편지를 받았을 뿐 아니라, 20여 회에 걸쳐 이곳저곳 가정 세미나 강사로도 초청을 받았다.

　필자가 알기로는 이 책이 번역되어 출판된 이후 많은 이들이 앞을 다투어 축복에 관한 책들을 썼고, 또한 부모가 자녀를 위해 해야 할 이슈들을 다루는 책들을 쓰기도 하였다. 그들 나름대로 그 방면에 공헌하고 있음을 필자는 믿어 의심치 않는다.

필자는 한국 가정의 회복과 변화를 기대하면서 그리스도인의 가정과 믿음의 공동체의 행복을 위하여, 더 나아가서 우리 사회의 건강과 행복을 위해 성경의 원리를 토대로 하여 여러 가지 임상보고서와 체험을 담아 하나님께서 주시고자 하시는 복에 이르는 축복(Blessing), 혹은 축복사역(Blessing Ministry)에 대해 무엇인가 전하고 싶은 충동을 느꼈다. 아니 충동이라기보다는 일종의 사명감 같은 것이라고 할 수 있겠다.

실상 「하루에 한 번 자녀를 축복하라」를 번역한 이후, 나름대로 축복사역에 관한 글을 쓰고 싶은 마음이 간절했으나 이런 저런 이유로 자제해 왔다. 그런데 유독 하나님은 이에 관한 글을 쓸 수 있는 계기를 마련해 주신 것이다. '중용(中庸)은 시숙(時熟)'이란 말을 적용한다면 하나의 자위(自慰)에 불과할까?

한편 축복사역에 관한 글을 쓴다면 '얼마나 잘 쓸 수 있을까?'라는 두려움도 없는 것은 아니다. 하지만 하나님이 정하신 때에 하나님이 주시는 사명감이란 전제 하에 축복사역에 관한 책을 쓰기로 했다.

그리고 책 제목을 「축복의 황금률」로 정한 데는 그만한 이유가 있다. 우리 모두가 아는 바와 같이 기독교 황금률은 "남에게 대접을 받고자 하는 대로 너희도 남을 대접하라"(마 7:12)는 것인데, 복을 받고자 하는 우리가 먼저 다른 이들을 축복하면 축복을 받는 그들이 복을 받을 뿐 아니라, 축복하는 우리도 복을 받기 때문이다. 물론 복을 되돌려 주시는 분은 복의 근원이신 신실하신 하나님이시다. 다른 한편, 황금률은 이제 그 의미가 확대되어 모든 진리의 요체라는 의미도 갖게 되기 때문에 책 제목으로 적당하다고 생각했다.

아무쪼록 이 시대 최고의 관심이자 또 하나님이 바라시는 축복사역(Blessing Ministry)을 통해 주시는 복(Blessing)에 이 책을 읽는 독자들은 물론 모든 성도와 믿음의 공동체가 참여하기를 진심으로 기원한다.

신록이 푸르러 가는 5월에
이기승

목 차

제3장 유대인 가정의 축복사역

제7장 그들은 축복하는 사람들이었다

제1장
축복사역은 어떻게?

여호와는 네게 복을 주시고 너를 지키시기를 원하며

여호와는 그의 얼굴을 네게 비추사 은혜 베푸시기를 원하며

여호와는 그 얼굴을 네게로 향하여 드사

평강 주시기를 원하노라

1. 전형적인 제사장 축복문(祝福文): 민 6:24-26

이 축복문은 제사장들이 사용하도록 하나님께서 명하신 것으로서, 먼저 제사장 아론에게 주신 것이다.

복과 관련하여 논한다면, 한국인만큼 복을 좋아하는 민족이 또 있을까? 신년 벽두에는 모두가 "새해 복 많이 받으세요."라고 인사한다. 새해가 되면 복을 불러들이는 복조래

(복조리)가 집 담장을 넘는다. 그리고 의복, 이불, 장신구, 식기, 장롱 등 어디라 할 것 없이 복(福)자로 칠갑되어 있다. 심지어 요강(potable toilet) 아귀에도 복(福)자가 빙 둘러 수 놓아져 있다. 그리고 오복이라 하면 "부(富), 수(壽), 강녕(康寧), 유호덕(攸好德), 고종명(考終命)"을 꼽는다.

그러나 성경에서 말하는 복 '아슈르' (אשר)는 "하나님께서 함께 하신다"는 뜻으로 이는 하나님의 임재(The Presence of God)이다. 복 중의 복, 즉 가장 큰 복은 하나님이 우리와 함께 하시는 '하나님 임재의 복'이다. 만일 하나님이 우리와 함께 하시면 오복(五福)뿐이겠는가? "너희는 먼저 그의 나라와 그의 의를 구하라 그리하면 이 모든 것을 너희에게 더하시리라"(마 6:33)는 예수님의 말씀은, 오복을 포함한 모든 복들은 하나님 임재의 복에 저절로 뒤따라오는 것들이라는 뜻이 함축된 말씀이 아닐까? 예를 들어, 요셉과 다윗의 경우처럼 말이다.

여호와께서 요셉과 함께 하시므로 그가 형통한 자가 되어 그의 주인 애굽 사람의 집에 있으니 그의 주인이 여호와께서 그와 함께 하심을 보며 또 여호와께서 그의 범사에

형통하게 하심을 보았더라 (창 39:2-3)
만군의 하나님 여호와께서 함께 계시니 다윗이 점점 강성
하여 가니라 (삼하 5:10)

하나님의 임재를 사모하는 모든 이가 그러하듯 필자도 나름대로 하나님 임재의 은혜와 복을 체험했다. 그래서 필자가 좋아하는 찬송 가운데 하나는 384장(구 434장 '나의 갈 길 다가도록')이다.

나의 갈 길 다가도록 예수 인도하시니
내 주 안에 있는 긍휼 어찌 의심하리요
믿음으로 사는 자는 하늘 위로 받겠네
무슨 일을 만나든지 만사형통 하리라

1994년 유학을 위해 도미를 눈앞에 두고 송구영신 예배를 드릴 때 담임목사이신 L 목사님은 필자에게 예배 인도를 맡겨주셨다(필자는 그 당시 수석부목사였다). 신년이 시작될 때 이 찬송을 부르는데 하늘에서 홀연히 한 줄기 빛이 비쳐와 필자의 마음을 가득 채웠다. 동시에 "내가 함께하니 두려워하지 말고 염려하지 말라!"는 음성이 마음속에 들렸다.

필자는 믿음으로 도미 길에 올랐다. 그 당시 필자의 손에 쥔 것은 아무 것도 없었다. 주변 사람들은 그런 필자를 여러 모로 비난했다. 그러나 필자는 임마누엘이신 하나님의 손을 붙잡고 태평양을 건넜다. 그리고 미국 땅에 발을 내려놓는 순간부터 하나님은 한 번도 필자를 떠나신 적이 없으셨다. 하나님은 필요할 때마다 도움의 손길을 주시고 모든 것을 형통하게 해 주셨다.

1995년 여름학기에 윈가일(Wingail) 교수의 '교회행정학(Church Administration)' 과목을 이수해야 했고, 중고자동차 보험료도 내야 하는 등 800달러가 꼭 필요했다. 필자는 늘 하던 대로 숲속 기도실에 가서 기도하며 찬송했다. 그때 필자가 부른 찬송은 406장(구464장 '곤한 내 영혼 편히 쉴 곳과')이었다.

4절:

능치 못한 것 주께 없으니 나의 일생을 주께 맡기면
나의 모든 짐 대신 지시는- 주의 영원한 팔 의지해
주의 영원하신 팔 함께 하사 항상 나를 붙드시니-
어느 곳에 가든지 요동하지 않음은 주의 팔을 의지함이라.

바로 그 다음날 불현듯 LA에서 송금자 불명의 800달러 머니 오더(Money Order)가 날아왔다. 송금자가 누구인지를 몰랐지만 그분을 위해 간절히 축복기도 하고 보내온 돈을 요긴하게 썼다. M.Div 과정을 마치고 잠시 귀국하여 알게 되었는데, 그 돈은 필자가 맡은 교구에 속하지도 않은 S 권사님이 친구들과 미국 여행 중 자꾸만 필자가 머리에 떠올라 보낸 것이었다는 것이다. 하나님의 손의 역사였다.

유학생활은 그리 쉬운 일이 아니었다. 한 번은 꼭 400달러가 필요했다. 역시 숲속 기도실을 찾아 기도하며 406장(구464장) 찬송을 드렸다. 여느 때처럼 마음에 위로와 평강이 흘러넘쳤다. 그 다음날 새벽 4시에 전화벨이 요란스럽게 울렸다. 새벽에 온 전화라 위급전화(emergency call)인 줄 알고 눈 뜰 사이 없이 황급히 받았다. 그런데 한국에서 걸려온 중앙성결교회 K 집사님의 전화였다. "목사님, 공부하시느라 고생이 많으시지요? 책 사 보시라고 400달러 보내드렸습니다." 이런 기적들을 말하기에는 지면이 부족할 정도다.

진실로 복 중의 복은 하나님 임재의 복이다. 나머지 우리가 추구하는 모든 복들은 하나님 임재의 복의 지류(支流)들이다.

그런데 복의 근원이신 하나님은 직접 우리에게 복을 주실 수 있지만 또한 세우신 제사장을 통해 복을 내리시는 방법을 선택하셨다. 그런 만큼 제사장은 하나님의 축복의 통로로 올바르게 쓰임 받기 위해 먼저 자신의 하나님에 대한 관계를 올바르게 정립해야 할 필요가 있다.

하나님과 백성 사이의 중재자인 제사장은 복의 전달자로서의 기능과 사명을 감당해야 한다. 그리고 하나님의 백성이 하나님께서 내리시는 복을 누리면서 사는 모습을 기뻐해야 한다. 아론은 바로 그것을 위해 이스라엘 백성을 축복하였던 것이다.

물론 축복(Blessing) 혹은 축복사역(Blessing Ministry)은 하나님이 명하신 바요 또 축복 내용을 직접 주셨지만, 제사장 아론은 그것이 제사장적 기능과 사명에 있어서 중요한 부분임을 알았던 인물이다. 그런 면에서 오늘의 목회자들과 한 가정의 가장 역시 축복의 제사장적 사명이 있음을 깨닫고 축복사역을 정례화(定禮化)해야 한다.

2. 가장(家長)이 자녀들을 안수하고 축복할 수 있는가?

필자는 형제자매와 친인척들을 위시하여 여러 성도들로 부터 질문을 받았다. 그들이 가진 공통된 질문은 "목회자도 아닌 가장이 축복사역을 할 수 있는가?"라는 것이었다. 대답은 "그렇다."이다. 가장은 한 집안의 제사장이다. 이 사실은 지극히 성경적이다. 이스라엘 집안의 가장은 가정의 제사장이었다. 앞에서도 언급한 바 있지만, 에서는 가장의 제사장적 지위와 특권을 하찮게 여겨 동생 야곱에게 팥죽 한 그릇의 헐값에 장자 생득권(birthright)을 팔아 넘겼지만, 야곱은 가정의 제사장적 지위와 특권 그리고 그에 따르는 복을 알았기에 그것을 갈구하였던 것이다.

이스라엘 가정에서는 지금도 여전히 한 주에 2회 이상 가장의 축복사역을 정례화하고 있다. 아버지가 집에 없을 때는 어머니가 그 사역을 대신한다.

서울에서 목회하는 L 목사는 가정 안에서 이루어지는 축복사역의 중요함을 배운 후, 매일 학교에 등교하는 딸에게 집을 나서기 전 축복했다. 안수하고 안아주고 뽀뽀하면서 축복의 메시지를 주었다. 어떤 때는 사모가 그 일을 맡아서 했다. 목회자이기에 형편이 여의치 않아 남들이 다 보내는 그 어떤 학원에도 보낼 수 없었다. 아이를 위해 할 수 있는 일은 오로지 축복하는 일뿐이었다. 그런데 그 아이가 자라서 어찌 되었는지 아는가? 축복을 받은 딸아이는 학업성적이 꾸준히 향상되었고, 결국은 사법고시에 합격하여 판사가 되어 지금은 지방에서 활동하고 있다.

여기서 필자가 강조하는 것은 꼭 사회적 성공만을 말하는 것이 아니다. L 목사의 딸은 누구 못지않은 교회의 충성된 일꾼이다. 단적으로 말하면, 가장(혹은 어머니)은 자녀들을 축복할 수 있다. 할 수 있는 이상으로 축복해야 할 책임과 사명이 있다.

3. 성스런 공간(Sacred Space), 상징적인 환경(symbolic environment) 혹은 예술적인 공간(artful environment)을 만들라.

인간의 영혼은 성스런 공간, 혹은 상징적 환경이나 예술적인 환경에서 깨어난다. 이왕 축복사역을 행하려면 축복의 환경을 그렇게 창조하는 것이 큰 도움이 된다.

필자는 개인적으로 축복사역을 할 때 촛불이나 등잔불을 사용한다. 테이블 위에서 가물거리며 은은한 빛을 발산하는 촛불이나 등잔은 집안을 성스러운 공간이나 상징적 환경으로 만들기에 충분하다.

여러 학자들의 견해에 의하면, 현대인의 영혼이 시들거나 목마른 까닭은 성스런 공간 혹은 상징적 환경의 터치(touch)를 갖지 못하고, 의미 있는 의례(meaningful rituals)를 공급받지 못하기 때문이라고 한다. 우리 가정의 경우, 비록 단출하지만 두 개의 촛불에서 발산되는 빛은 방 안을 성스러운 공간으로 만들기에 넉넉할 수 있다.

4. 가족 상호간에 축복할 수 있다.

축복사역은 부모가 자녀들에게 하는 것에만 국한되지 않는다. 부부 상호간에도 축복할 수 있고, 자녀도 부모를 축복할 수 있다. 뿐만 아니라 자녀들 상호간에도 할 수 있다. 실로 부모가 자녀들에게 그리고 부부 상호간에 베푸는 의례들인 만져 줌, 입맞춤, 껴안아 줌, 안수 등은 자녀와 배우자의 영혼을 살리고 강화하는 힘 있는 의례(powerful ritual)가 된다.

크리스천 가정은 사랑과 치유의 공동체(Therapeutic

community)다. 아름다운 축복 혹은 축복사역으로써 서로의 내면과 관계를 치유해 나가며 상호간의 친밀감(familiarity)과 결속(connectedness)을 증대한다. 모든 일이 그렇듯이 사랑은 저절로 얻어지는 것이 아니라 하나님이 주신 축복사역을 위해 힘쓸 때 얻어진다.

필자의 가정에서 축복사역을 할 때면 부족한 필자가 아내에게 아내가 필자에게, 필자가 딸들에게 딸들이 필자에게, 아내가 딸들에게 딸들이 아내에게, 그리고 딸들 상호간에 축복한다. 축복의 언어는 그리 길지 않아도 된다. 제사장의 축복문 전체가 아니더라도 한 구절씩을 사용할 수도 있다. 상대방을 칭찬하고 격려하는 따뜻한 말 한 마디면 충분하다. 하나님은 이 시간을 기뻐하시고 약속하신 복을 한 없이 내려 주신다.

5. 목회자가 회중에게, 그리고 회중이 목회자에게 축복할 수 있다.

실로 유교(儒敎)는 우리 문화에 깊은 뿌리를 내리고 있음을 그 누구도 부인할 수 없다. 유교는 비단 사회뿐만 아니라 믿음의 공동체 안에도 하이어라키(hierarchy)를 구축해 놓았다. 예컨대, 강단과 회중석의 수직적이면서 이분법적인 차별(권위의 소재locus는 오로지 강단이다. 참조: Ashibrook. *The Brain & Belief*. Northwestern University Press. 1994), 남성과 여성의 수직적 차별, 그리고 어른과 이이들의 수직적 차별 등 여러 수직적 차별을 제도화하는 데 기여했다. 그래서 회중이 목회자에게 안수하고 축복하는 일은 꿈에도 생각할 수 없는 현실이다.

하지만 필자는 몇몇 영국과 미국 교회에서 행하는 대로 주일날 강단에 오르기 전에 목회실에서 회중들의 축복을 받는 일을 했다. 물론 그들은 자원하여(보통 15~20명) 중보기도 모임에 참여한 자들이었는데, 필자는 그들의 안수 축복을 받았다. 회중은 필자를 둘러싸고 꿇어앉아 필자의 어깨에 손을 얹고 축복했다. 처음에는 그 누구도 필자의 머리 위에 손을 얹을 엄두도 못 내었다(영국과 미국 교회에서는 회중이 목회자의 머리 위에 손을 얹고 축복하지만 우리 문화 안에서는 오히려 이렇게 하는 것이 나을지도 모른다).

목회자가 회중의 안수 축복기도를 받는다고 해서 영적 권위가 무너지는가? 필자는 결코 그렇게 생각하지 않는다. 주

님은 그 일을 통해서 목회자의 영적 권위를 더 높이 세우신
다. 주님이 목회자들에게 주신 리더십은 '종 리더십'
(Servant leadership)이다.

> 대답하여 이르되 왕이 만일 오늘 이 백성을 섬기는 자가
> 되어 그들을 섬기고 좋은 말로 대답하여 이르시면 그들이
> 영원히 왕의 종이 되리이다 (왕상 12:7, 대하 10:7)
> 너희 안에 이 마음을 품으라 곧 그리스도 예수의 마음이
> 니 그는 근본 하나님의 본체시나 하나님과 동등됨을 취할
> 것으로 여기지 아니하시고 오히려 자기를 비워 종의 형체
> 를 가지사 사람들과 같이 되셨고 사람의 모양으로 나타나
> 사 자기를 낮추시고 죽기까지 복종하셨으니 곧 십자가에
> 죽으심이라 이러므로 하나님이 그를 지극히 높여 모든 이
> 름 위에 뛰어난 이름을 주사 하늘에 있는 자들과 땅에 있
> 는 자들과 땅 아래에 있는 자들로 모든 무릎을 예수의 이
> 름에 꿇게 하시고 모든 입으로 예수 그리스도를 주라 시
> 인하여 하나님 아버지께 영광을 돌리게 하셨느니라 (빌
> 2:5-11)

초대교회가 예배 때에 부른 〈그리스도 찬송시〉의 핵심은
케노시스(Kenosis: 자기를 비움 혹은 낮춤)다. 예수가 영광
의 자리를 비워 종(Servant)의 형체를 가지고 낮은 세상에

오셨다고 해서, 제자들의 발을 씻기셨다고 해서, 그리고 십자가에 죽기까지 자신을 낮추셨다고 해서 그분의 권위가 무너졌는가? 아니다. 하나님은 그분을 지극히(더) 높이셨다. 이 원리는 가정 축복사역에서 자녀가 부모에게 하는 축복과도 일맥상통한다. 하나님은 목회자에 대한 회중의 축복을 귀히 여기시고 귀하게 사용하신다.

우리는 하나님께서 제사장 아론에게 위임하신 축복문, 그리고 상황에 맞는 그 어떤 변형문(變形文)을 가정과 믿음의 공동체, 더 나아가서 모든 인간관계에 적용할 수 있다.

그러면 다음 장에서 성경에서 보여주는 축복의 원리와 형식을 찾아보도록 하자.

1. 복의 근원이신 하나님은 직접 우리에게 복을 주실 수 있지만 세우신 제사장을 통해 복을 내리시는 방법을 선택하셨다. 하나님과 백성 사이의 중재자인 제사장은 복의 전달자로서의 기능과 사명을 감당해야 한다. 그리고 하나님의 백성이 하나님께서 내리시는 복을 누리면서 사는 모습을 기뻐해야 한다. 그런 면에서 오늘의 목회자들과 한 가정의 가장 역시 축복의 제사장적 사명이 있음을 깨닫고 축복사역을 정례화(定禮化)해야 한다.

2. "목회자도 아닌 가장이 축복사역을 할 수 있는가?" 성경적으로 가장은 한 집안의 제사장이다. 결론적으로 말하면, 가장(혹은 어머니)은 자녀들을 축복할 수 있다. 할 수 있는 이상으로 축복해야 할 책임과 사명이 있다. 이 축복사역에 더욱 힘쓰는 가정이 되어야 한다.

3. 축복사역을 할 때 촛불이나 등잔불을 사용할 수 있다. 테이블 위에서 가물거리며 은은한 빛을 발산하는 촛불이나 등잔은 집안을 성스러운 공간이나 상징적 환경으로 만들기에 충분하다. 같은 빛이라도 덜 문명화된 빛을 가정 속에 도입해 보자.

4. 축복사역은 부모가 자녀들에게 하는 것에만 국한되지 않는다. 부부 상호간에도 할 수 있고, 자녀도 부모에게 할 수 있다. 뿐만

아니라 자녀들 상호간에도 할 수 있다. 우리의 가정에 적용해보
자.

5. 목회자가 회중의 안수 축복기도를 받는다고 해서 영적 권위가
   무너지는가? 필자는 결코 그렇게 생각하지 않는다. 주님은 그
   일을 통해서 목회자의 영적 권위를 더 높이 세우신다. 주님이
   목회자들에게 주신 리더십은 '종 리더십'(Servant leadership)
   이다.

제2장
축복사역의 원리와 형식

하나님은 그분과 올바른 관계 안에 있는 자들을 직접 축복하시지만, 또한 우리들 상호간의 축복(Blessing) 혹은 축복사역(Blessing Ministry)을 통해 복을 주신다. 그런 면에서 창세기 27장은 성경 가운데서 가정에서 이루어지는 축복사역의 원형(archetype) 혹은 모델(Model)이라고 할 수 있다. 아버지 이삭이 아들 야곱에게 하는 축복에서 우리는 축복의 원리와 형식을 찾아 적용할 수 있다.

축복의 원리는 지극히 간단하다. 만복(萬福)의 근원이신 하나님은 우리 모두가 축복사역(Blessing ministry)을 통해 하나님이 주시는 복의 통로가 되기를 원하신다. 하나님은 우리가 하는 축복을 통해 복을 주시기를 기뻐하신다. 특히 하나님은 우리의 혀에 축복과 저주의 권세를 위탁해 두셨기에 혀를 잘 사용하느냐 못하느냐에 따라서 복과 저주의 열매를 거둘 수 있다. 능력과 권세의 말씀으로 창조하신 하나님은 우리가 사용하는 말에 높은 권세와 함께 책임을 부여하셨다.

창세기 27장에 드러난 축복의 형식을 살펴보면 ① 스킨십: 의미 있는 만짐 혹은 접촉, 껴안아주기(포옹), ② 칭찬과 격려: 축복하는 말 혹은 메시지, ③ 칭송 혹은 찬사: 높은 가치의 부여, 그리고 ④ 비전의 제공: 특별한 미래를 그려 주는 것이다.

1. 스킨십: 의미 있는 만짐 혹은 접촉과 껴안아주기(포옹)

> 내 아들아, 가까이 오라, 내가 너를 만지려 하노라 (21)
> 내 아들아, 가까이 와서 내게 입 맞추라 (21)

아버지 이삭은 아들 야곱을 만지기(touching)를 원했다. 그리고 아들에게 입을 맞추라(kissing)고 했다. 아버지 이삭은 가까이 다가온 아들 야곱을 만지고 입을 맞추었다. 성경에는 안아주었다(hugging)는 표현이 없지만, 필자는 이삭이 아들 야곱을 틀림없이 껴안아주었을 것이라고 믿는다. 왜냐하면 그것은 이스라엘을 위시한 많은 민족들의 전통과 습관이기 때문이다. 이와 같은 힘 있는 의례들은 하나님이 바라시고 또한 주시는 복의 통로임에 틀림없다.

하나님의 만져 주심

창조주 하나님은 모든 만물을 능력의 말씀으로 창조하셨지만, 사람은 진흙으로 손수 빚어 만드셨다(창 2:7).

상상해 보라. 하나님의 손 안에서 빚어지고 있었던 사람을! 마치 도자기를 빚기 위해 손 안에 든 진흙을 도공(陶工)이 얼마나 많이 그리고 얼마나 세심하게 만지는가를! 애초에 하나님의 만짐(God' s touching)을 받은 우리 인간은 쉴 새 없이 만짐을 받아야 하는 존재다. 하나님의 만지심 자체는 복(Blessing)이며, 또한 우리들 서로의 만짐은 그 복의 연장(延長)이라고 할 수 있다.

어느 인류학자는 털로 뒤덮인 다른 포유동물들에 비해 유독 인간만이 몸이 털로 뒤덮여 있지 않은 까닭은 창조주의 섭리라고 말하기도 한다. 즉 온 몸으로 접촉하라는 창조주의 뜻과 섭리라고 말할 수 있다. 창조주는 그만큼 우리 몸의 접촉이 중요하며 몸의 접촉을 통해 모든 면에서 안정감을 누리도록 인간을 설계하셨다는 뜻이리라.

루스 맥코르클(Ruth McCorkle)은 우리의 신체 오감(五感) 중에서 촉감이 제일 먼저 발달하는데, 자궁벽에 안착된 태아가 자궁 막의 접촉을 통해서 영양분을 흡수할 때 처음으로 촉감을 알게 된다고 한다. 자궁에서 시작된 접촉은 일생을 통해 지속적으로 공급되어져야만 한 인간이 정신적, 심리적으로 그리고 신체적으로도 안정감을 누리게 된다는 것이다.

임상적으로 알려진 사실에 의하면 스킨십 혹은 만짐을 받는 순간 우리 몸의 내부에서는 치유가 일어난다. 혈관에 많은 양의 산소가 공급되면서 헤모글로빈이 증가하고 백혈구가 증가하면서 몸속에 있는 병적인 세포들을 공격하여 파괴시키고 우리 몸의 면역력(免疫力)을 높이는 것이다.

껴안아주기(포옹)

특히 껴안아주기(포옹 hugging)는 한없이 중요하다. 출생 이후 성장하면서 임상적으로 어린아이가 많이 울거나 또 여러 가지 잔병을 앓는 경우, 그리고 성인기에 앓는 우울증을 비롯한 여러 가지 병리학적 증상들(pathological symptoms)의 뿌리는 어렸을 때의 접촉 결핍(touch hunger)임이 밝혀졌다. 탈무드는 안아주어야 자식이 된다고 말한다. 안아주기에서 창조되는 접촉이 아이의 미래의 성격과 운명과 직결된다는 말이다.

제랄드 코리(Jerald Corey)는, 인간은 애무를 갈구하며 그것이 충족되지 않는다면 정서적으로나 신체적으로 건전한 상태로 발달하지 못한다고 했다. 사람이 받는 어린 시절의 애무의 종류는 행동 패턴을 조정하고 결정하며, 긍정적인 애무는 자기 가치 체계(self value system)를 가진 건전한 사람으로 발달시키는 데 필수적이다.

실제 미국의 한 가정에서 일어난 일이다. 폴 잭슨(Paul Jackson)과 그의 부인 하이리 잭슨(Hairy Jackson) 사이에서 쌍둥이 여아가 출생했다. 두 아이는 7개월을 인큐베이터 안에서 의학적인 조치와 돌봄을 받아야 했는데, 각자 다른 인큐베이터 안에서 받았다. 그런데 동생 브리엘(Briel)은 맥박이 정상적으로 작동하지 않는 등 언니 카이리(Kairy) 만큼 건강하지 못했다. 브리엘의 건강은 위험 수위에 도달해 있었다. 그래서 정신건강 의학자이자 간호사인 캐더린 키딩 (Cadryn Kidding)은 동생을 언니의 인큐베이터 안에 함께 두기로 결정했다. 놀랍게도 언니 카이리가 동생 브리엘을 껴안기 시작했고 그때부터 브리엘의 맥박은 정상적으로 작동하기 시작하는 등 모든 면에서 건강의 징후가 나타났다고 한다. 지금 열한 살인 그들은 너무나도 밝고 건강한 모습으로 자라고 있다. 코 베딩(co-bedding. 침대를 함께 씀)에서 이루어진 접촉과 껴안아주기가 기적을 일으키고 두 아이 사이에 연결(connectedness)을 창조한 것이다.

이와같이 껴안아주기(포옹 hugging)는 남편과 아내 사이, 부모와 자녀 사이, 그리고 모든 '너와 나' 사이의 깨어진 관계(broken relationship)를 연결된 관계(connected relationship)로 회복시킬 뿐만 아니라 정신적 육체적 치유를 일으키는 힘이 있다.

접촉 결핍증이 낳는 문제들

제임스 프레스콧(James Prescott)은 '접촉 결핍증과 성인 폭력' 이란 기사에서 인간 폭력의 근본 원인은 생의 초창기에 당연히 있어야 하는 피부접촉이 주는 쾌감의 부재에 있음을 밝혔다. 위스콘신대학(The Wisconsin University)의 할로우(Haelow) 교수는 원숭이 실험을 통해서 어렸을 때 어미와의 접촉이 차단된 원숭이는 커서 공격적이고 난폭한 성격을 보였다고 보고했다. 그래서 미국 샌디에고 산부인과 의사인 폴 브레너(Paul Brenner)는 자궁의 포옹을 대신하는 방법으로 신생아의 피부에 마사지 하라고 권면한다.

어떤 실험실에서 막 출생한 쥐들을 격리시켜 우유 및 영양분 있는 음식을 충분히 제공했다. 그런데 어미로부터 격리된 쥐들은 좋은 영양분을 공급받음에도 불구하고 시들시들하더니 결국은 죽고 말았다. 그런데 다른 팀은 영양분 공급 외에 부드러운 붓에 물을 묻혀서 계속 쓰다듬어 주었다. 그들의 몸에서는 성장 호르몬이 왕성하게 분비되며 건강하게 자랐다. 이와 마찬가지로 낳은 새끼들에 대한 짐승들의 '핥아주기'는 성장 호르몬을 위시하여 면역력을 높이는 각종 호르몬을 분비시킨다는 임상 결과가 나왔다.

한 마디로 현대인이 당면한 큰 문제는 접촉의 결핍에 있다. 특히 "남녀 7세 부동석"이라는, 친밀함을 금기시했던 우리의 그림자 가부장 문화(shadow hierarchy culture)의 영향은 아직도 우리의 무의식과 삶의 뿌리에 잔재하여, 하나님이 주신 축복의 원리와 실재에 큰 걸림돌이 되고 있다. "접촉은 지금까지 우리가 몰랐던 최고급의 만족을 주는 최상의 삶의 질이자 감추어진 차원(the hidden dimension)이다."라는 에드워드 홀(Edward Hall)의 말은 우리의 편협한 사고와 문화에 대한 비판과 각성을 요구한다.

청소년 범죄의 뿌리

필자는 오래 전 「타임즈(The Times)」지에서 '청소년 범죄(The juvenile delinquency)' 라는 기사를 읽은 적이 있다. 그 기사는 영국의 청소년 범죄 증가와 그 심각성의 뿌리는 어머니들이 아이들을 젖 먹이지 않고 안아주지 않는 데 있다고 했다. 몸매를 아름답게 유지하기 위해서 아이에게 젖을 먹이는 대신 우유를 먹이고, 안아주기에서 오는 팔의 통증을 피하기 위해 안락한 유모차나 다른 보조기구에 아이들을 방치(?)한 결과, 정서적 심리적으로 안정감을 경험하지 못한 아이들이 자라면서 길거리를 방황하고 개인적으로 집단적으로 범죄를 저지르고 있다는 내용이었다.

우리가 알다시피 우유는 소젖이다. 어머니의 따뜻한 품에 안겨 태중에서 듣던 어머니의 심장의 고동소리를 들으며 젖을 빠는 입술과 산모의 몸과 접촉 없이 자란 아이들의 내면에는 큰 구멍이 나 있는 것이다. 어떤 이는 사람마다 내면에 '사랑의 탱크(love Tank)' 하나씩을 갖고 있는데, 이것이 채워져야 비로소 심리적으로나 정서적으로 균형 있게 성장한다고 말했다.

예를 들어 '마라스무스' 병은 명확한 이유 없이 아이들이 시드는 병으로 밝혀졌는데, 길거리를 방황하는 아이들을 병원에 모아 육성하는 스피즈(Dr. Spiez) 박사는 그 이유를 부모와의 접촉 결핍에서 찾았다. 접촉 결핍은 이외에도 정신이상(psychosis) 등 각종 정신질환을 만들어 낸다는 사실이 임상적으로 계속 밝혀지고 있는 추세다.

캘리포니아의 임상의사 빌 죤스(Bill Johnes)는 가출소녀의 90%가 접촉 결핍증을 앓고 있다는 보고서를 낸바 있다. 실상 아버지로부터 접촉을 많이 받고 자란 여자 아이들은 사춘기에 이르러 아무 남성에게 함부로 육체의 문을 여는 것을 허용하지 않는다고 한다.

필자는 담임목사로 부임하자 상징적인 환경을 만들고 교회 리더들의 모임에서 의미 있는 성찬예전을 가졌다. 성찬예전이 끝난 뒤, 모두 악수뿐만 아니라 포옹을 하면서 적극적으로 사랑을 고백하라고 주문했다. 시간이 흐르면서 리더들의 눈에서는 그간 고여 있던 뜨거운 눈물이 폭포수처럼 흘러 내렸다. 모인 리더들은 이런 성찬예식은 생전 처음 경험하는 예전이라고 고백하면서 "목사님, 이런 성찬예전을 자주 갖게 해 주세요."하고 부탁했다. 상호간의 따뜻한 포옹과 만짐이 큰 치유의 힘을 나타내었던 것이다.

한편, 예배가 끝마치고 성전 문을 나서는 성도들에게 필자는 악수를 청했다. 어느 여 성도들은 당황스러워했다. 어떤 여 성도는 부담스러운 듯 다른 문을 지나 예배당을 빠져 나갔다. 하지만 시간이 흐르면서 그들도 점차 적응하기 시작했다. 목회자와 성도 간에 친밀함과 신뢰가 더 두터워진 것은 두말할 나위 없다.

데라피스트 예수

예수 그리스도는 탁월한 데라피스트(Therapist)이시다. 그분은 인간 내면의 가장 기본적이고 궁극적인 욕구(need)를 아시는 분이시다.

예수께서 산에서 내려 오시니 수많은 무리가 따르니라 한 나병환자가 나아와 절하며 이르되 주여 원하시면 저를 깨끗하게 하실 수 있나이다 하거늘 예수께서 손을 내밀어 그에게 대시며 이르시되 내가 원하노니 깨끗함을 받으라 하시니 즉시 그의 나병이 깨끗하여진지라 (마 8:1-3)

그 당시에 나병환자들은 이스라엘 공동체에서 추방당하여 성 밖 외진 곳에서 집단거주 생활을 했다. 실로 죽음보다 더한 고통의 생활이었다. 말이 산 것이지 실상은 죽은 것과 하등 다름없는 상태였다. 그러므로 나병은 하나님의 저주로 간주되었다. 신명기 법전에 의하면, 그들의 치유가 제사장에 의해 판결되지 않는 한 결코 가정과 공동체에 들어올 수 없었다. 만일 성한 사람들이 부지중에 그들에게 가까이 갈 때면 그들은 한 손바닥으로 입 위를 가리고서 "나는 부정하다, 나는 부정하다(I' m unclean, I' m unclean)" 하고 외쳐야 했고, 나병환자가 부지중 가까이 오는 것을 알면 성한 사람들은 그들에게 돌멩이를 집어 던져도 무방했다.

그런 면에서 볼 때, 이 나병환자가 예수 가까이 이른 것은 실로 기적이 아닐 수 없었다. 그러나 더 큰 기적은 예수가 곧 바로 나병을 치유하신 것이 아니라 먼저 그 나병환자를 만지셨다는 것이다.

상식적으로나 논리적으로 예수는 나병을 치유하신 다음 그를 만지셔야 했다. 그러나 데라피스트이신 예수는 나병환자가 지니고 있는 인간의 가장 기본적인 욕구, 즉 가정과 공동체에 들어가서 가족과 친구들에게 만짐을 받고 만짐을 줌으로써 자기 정체감(the sense of Identity)은 두말할 나위가 없고 자기 존중감(self-esteem), 그리고 생의 행복감(the sense of euphoria of life)을 느끼게 하신 것이 아니겠는가? 그리고 그것이 진정한 복이 아니었겠는가?

데라피스트 예수는 먼저 나병환자를 만지신 후 그 병을 고치셨다. 인간의 이성과 상식을 초월한 놀라운 행위였다. 결과적으로 나병환자는 겉모양뿐만 아니라 내면까지 치유받아 온전함(wholeness)에 이르게 되었던 것이다.

어디 이뿐이랴? 데라피스트 예수는 '만져주심을 바라는' 어린아이들을 '안고' '안수' 해 주셨다.

> 사람들이 예수께서 만져 주심을 바라고 어린 아이들을 데리고 오매 제자들이 꾸짖거늘 예수께서 보시고 노하시어 이르시되 어린 아이들이 내게 오는 것을 용납하고 금하지 말라 하나님의 나라가 이런 자의 것이니라

내가 진실로 너희에게 이르노니 누구든지 하나님의 나라
를 어린 아이와 같이 받들지 않는 자는 결단코 그 곳에 들
어가지 못하리라 하시고 그 어린 아이들을 안고 그들 위
에 안수하시고 축복하시니라 (막 10:13-16, 마 19:13-15)

목회에 있어서 중요한 사역 한 가지는 데라피스트 예수께
서 보여주신 바와 같이 의미 있는 만짐 혹은 접촉을 통한 축
복사역(Blessing Ministry)이다. 그런 면에서 목회자들이 시
행하는 안수(laying of hands)는 성령님의 직접적인 은혜와
축복의 역사뿐만 아니라 심리적으로도 안정과 치유의 효과
를 갖는다고 할 수 있다.

향유 부은 여인

필자가 보기에 예수가 보여주신 축복사역의 모범 가운데
결코 빠뜨릴 수 없는 한 가지가 있다. 그것은 예수가 직접
행하신 만짐의 축복사역이 아닌 간접적인 만짐의 사역이다.
비록 간접적인 것이기는 하지만, 그것은 직접적인 효과보다
못하지 않았을 것이다.

마리아는 지극히 비싼 향유 곧 순전한 나드 한 근을 가져
다가 예수의 발에 붓고 자기 머리털로 그의 발을 씻으니
향유냄새가 집에 가득하더라 (요 12:3)
예수께서 베다니 나병환자 시몬의 집에서 식사하실 때에
한 여자가 매우 값진 향유 곧 순전한 나드 한 옥합을 가지
고 와서 그 옥합을 깨뜨려 예수의 머리에 부으니 (막 14:3)
그 동네에 죄를 지은 한 여자가 있어 예수께서 바리새인
의 집에 앉아 계심을 알고 향유 담은 옥합을 가지고 와서
예수의 뒤로 그 발 곁에 서서 울며 눈물로 그 발을 적시
고 자기 머리털로 닦고 그 발에 입맞추고 향유를 부으니
(눅 7:37-38)

이 여인이 과연 누구냐 하는 정체성에 관하여는 다소 논
쟁의 여지가 있을지 모른다(복음서 기자들의 보도 내용은
각자 특성이 있다. 마가는 이 장소가 나병환자였던 시몬의
집이었다고 기록하고 있다. 마르다가 그 집에서 도와주고
있었다. 마가와 요한의 기록은 일치하나 누가는 마리아가
아닌 죄인, 즉 창녀라고 기록하고 있다). 여인의 정체성도
중요하겠지만, 더 중요한 것은 그녀와 예수님의 사랑의 관
계다. 예수에 대한 여인의 존경과 헌신적인 사랑, 그리고 여
인의 접촉 혹은 만짐을 허용하시는 예수가 주신 간접적인

축복이 더 중요하다.

당시 여인이 머리를 풀어헤치는 것은 수치였다. 풀어헤친 머리털로 예수의 발을 씻고 예수의 발에 입 맞추는 여인의 만짐을 허락하심으로써 예수는 여인을 축복하셨고 여인은 예수의 한없는 축복을 받았다. 예수를 만진 것은 여인이지만 실상 여인을 만지신 분은 예수였다.

한 임상 보고서에 의하면, 의미 있는 만짐(meaningful touch)을 받을 때 우리 인체 내에는 엄청난 치유가 일어난다고 한다. 뇌내 모르핀이 분출되고, 티(T) 임파구가 활성화되어 체내의 암세포를 공격하는 등 실로 놀라운 치유효과가 일어난다고 한다. 어디 육체적 치유뿐이랴? 향유 부은 여인은 영혼과 마음의 치유를 비롯하여 육신의 치유까지 받는 전인 치유의 복을 받았던 것이다.

브레들리와 앤의 축복

필자가 일리노이주 에반스톤(Evanston, Illinois)에 있는 게렛신학대학원(Garrett-Evangelical Theological Seminary)에서 공부할 때 많은 학생들 중 두 학생이 특별히 내게 관심과 애정을 쏟아 주었다. 그들은 미네소타(Minnesota)주에서 온 브래들리(Bredley)와 위스콘신주(Wisconsin)에서 온 앤(Ann)이었다. 그들 모두는 이미 결혼하여 가정을 가진 사람들이었다.

필자와 함께 메이플 스트리트(Maple Street)의 학생 아파트에 살던 브래들리는 주 중에 두 번씩 금요일 이른 아침 필자의 방으로 건너와서 함께 성경을 연구하고 손을 맞잡고 열방을 품고 기도하는 일을 했다. 그 만남은 그가 학교를 졸업한 후 석별을 아쉬워하며 목회지인 미네소타로 떠나는 날까지 계속되었다.

앤은 자원하여 일주일에 30분을 할애하여 필자와 토킹(talking)을 했다. 필자의 영어 회화실력을 도와주겠다는 그녀 나름의 애정과 희생의 표현이었던 것이다. 만날 때는 꼭 먼저 껴안고 "미스터 리, 갓 블레슈(Mr. Lee, God bless you)"하며 축복해 주었다. 그녀는 여성이지만 필자보다 큰 키와 큰 체구를 갖고 있어 필자는 마치 어린아이가 엄마 품에 안기듯 그녀의 따뜻한 품에 안겨 축복 받았다. 종족과 언어와 풍습이 다른 두 사람이었지만 그녀는 필자를 언제나 사랑으로 받아주면서 축복하였던 것인데, 필자는 목사였지만 그 순간이면 언제나 강화(Enforcement)를 느꼈다.

게렛신학대학원(Garrett Theological Seminary) 재학 시절에는 상담학 교수이신 힝클 박사(Dr. Hinkle, Jr.) 교수가, 그리고 시카고 신학대학원(The Chicago Theological Seminary) 재학 시절에는 지도교수이신 에저튼 박사(Dr. Egerton)가 필자에게 이와 같은 따뜻한 악수와 포옹을 해 주었다.

필자는 유학을 마치고 귀국하여 하나님의 은혜로 모교인 서울신학대학교(Seoul Theological University)에서 강의하다가 담임목사로 부임하게 되었다. 부임 후, 필자는 만나는 교회학교 아이들을 안아주면서 입맞춤을 해주었다. 그들 가운데는 아침 세수도 하지 않은 듯 얼굴이 꾀죄죄한 아이들도 더러 끼어있었다. 처음에는 "아이 징그러!" 하면서 빽소니를 치는 아이들도 있었다. 하지만 시간이 흐르면서 그들은 주일 아침 교회에 오면 "목사님, ○○가 왔어요." 하면서 목회실 문을 두드렸다. 안아주기와 입맞춤을 받으러 온 것이다. 그런 일이 반복되고 쌓일수록 아이들과 필자 사이에는 친밀감이 깊어져 가게 되었다.

필자는 교회학교 교사들에게 항상 공과내용을 가르치려고 애쓰기보다는 껴안아주기와 입맞춤을 통한 친밀감(familiarity) 쌓기에 우선순위를 두라고 부탁했다. 교사와 아이들 상호간의 관계(mutual relationship), 그리고 진정한 크리스천 교육은 주입식 교리보다 따뜻한 접촉을 통한 신뢰형성을 바탕으로 하기 때문이다. 데라피스트이신 예수께서 보여주신 모범처럼 말이다.

소리 없는 절규

우리는 가정에서, 교회에서 그리고 사람들이 모이는 어느 곳이든 "나를 만져주세요!" "나를 안아주세요!"라는 소리 없는 절규를 들을 수 있는 귀를 가져야 한다.

우리가 우리 자녀나 사람들을 만지려 하고 껴안아주려고 할 때, 처음에는 쑥스러워하거나 때론 거부감을 나타낼지도 모르지만(지극히 자연스런 반응이다), 시간이 흐르면 점점 자연스러워지고 나중에는 만짐이나 접촉의 축복에 적응해 갈 것이며(나중에는 요구할 것이다), 하나님이 약속하신 복이 가정과 교회를 위시한 모든 공동체에 흘러들어오는 것을 체험하게 될 것이다.

믿음의 공동체를 결속하는 힘 있는 의례

특별히 오늘날의 믿음의 공동체는 예전(Liturgy)과 의미 있는 다양한 의례들(rituals)을 필요로 한다.

빅터 터너(Victor Turner), 토마스 무어(Thomas Moore), 그리고 조직신학자이자 포스트 융이언(post-Jungian)인 로버트 무어(Robert Moore) 같은 이들은 이구동성으로 "오늘날의 개신교가 건조해지고 힘을 상실한 것은 의례를 상실하면서 남은 것은 힘없고 싸늘한 형식뿐이다."라고 주장했다. 이는 의례가 없는 예배형식은 수직적으로 하나님과의 생동적인 만남이 불가능하고 수평적으로는 회중에게 무감동적인 결부(involvement)만을 요구할 뿐이며 상호간의 결속을 창조할 수 없기 때문이라고 할 수 있다. 안락한 의자에 앉아서 모든 순서를 진행하는 예배에서 회중들이 무엇을 얻겠는가? (물론 예배는 얻는 것에 우선순위가 있는 것이 아니라 드림 곧 섬김과 헌신이다).

크리스천 예배(Christian Worship)는 말씀예전과 성찬예전으로 구성된다. 설교는 선포되는 말씀(Preaching Word)이며, 성찬은 보이는 말씀(Visible Word)이다. 종교개혁 이후 예배의 여러 다양한 의례를 부정한 개신교는 결국 성찬 예전까지 소홀히 여기게 되었다. 뿐만 아니라 일어서서 경배송을 드리고, 일어서서 복음서를 낭독(교독)하고, 무릎 꿇고 기도하고, 예전 춤(Liturgical Dancing)을 추며, 촛불 점화(candle lightening), 베너(Banner), 하나의 떡(One bread)과 한 잔(One Cup)의 축성(lift up), 앞으로 나와 꿇어 앉아 성찬에 참여하고, 성찬 참여 후에 상호간에 포옹과 사랑의 교제를 나누며, 일어서서 헌금을 봉헌하고, 축도 전에 두 손을 치켜들고 성삼위 하나님을 송축 등, 초대교회로부터 전승되어 온 의미 있는 예전과 의례를 개신교회는 거의 잃어버렸다고 할 수 있다.

축도 직전 모든 회중이 일어서서 두 손을 들고 '할렐루야' 송을 부르는 것을 이단으로 생각하고 교회를 떠난 신도가 있는가 하면, 어떤 교회에서는 담임목사를 청빙하기 위해 그 청빙 대상 목회자의 교회 예배에 참여했다가 예배 때 두 번 일어서는 것을 보고서 청빙을 포기한 해프닝도 있었다고 하니, 의례와 예전에 있어서 개신교의 현주소가 과연 어디에 있는지 답답하기만 하다.

2. 칭찬과 격려: 축복하는 말 혹은 메시지

이삭은 아들 야곱에게 축복하는 메시지를 전한다:

내 아들의 향취는 여호와께서 복 주신 밭의 향취로다
(창 27:27)

이는 "내 아들에게서는 향기가 나는구나! 그건 다름 아니라 여호와의 복 주신 밭에서 나는 향기로구나!" 하는 축복의 메시지가 아닌가?

얼마나 아름다운 칭찬과 격려인가? 그들이 하는 크고 작은 모든 일들, 그리고 행동들에서 향기가 난다는 말을 듣는 자녀는 자신을 어떻게 받아들일 것이며 어떤 자녀로 변할까?

부모로부터 "넌 하는 말과 행동이 항상 왜 그러니?" "네 수준은 그것 밖에 안 돼?" "제발 바보 같은 짓 좀 하지 마!"라는 등의 말을 듣는 자녀들은 자신을 어떻게 생각하며, 자신을 어떻게 받아들일 것이며, 또한 어떤 자녀로 변해갈 것이라 생각하는가? 단지 몇 초 사이에 가슴에 박힌 못을 빼느라 한평생 씨름할 것이 자명하다.

가슴에 박힌 못은 이후에 만성적인 우울증(chronic depression) 등 여러 가지 병리적인 증상들(psychological symptoms)로 나타날 것이다. 그래서 성경 에베소서 6장 4절은, "아비들아 너희 자녀에게 말로써 상처를 입히지 말라"고 권고하지 않는가? (개역 성경은 "노엽게 하지 말라"고 번역하였다). 그 대신 "넌 하는 말과 행동이 어른스러워!" "네가 하는 말과 행동들은 부모의 마음을 흐뭇하게 해!" 하는 등의 칭찬과 격려의 축복의 메시지를 듣고 자라는 자녀들의 앞날은 분명히 복될 것이다.

"당신은 내 타입이 아니야" "애초에 당신을 선택하는 게 아닌데…" "무슨 팔자이기에 저런 웬수를 만났담?" "웬수 같은 X" 등의 말을 하고 듣는 남편과 아내의 관계는 장차 어떻게 변해갈까? 따뜻한 이해와 사랑으로 가득해야 할 가정이 얼음장처럼 식어갈 것은 뻔하며, 생지옥을 벗어나려는 몸부림은 여러 가지 부정적인 병리적인 현실로 나타날 것이다.

복을 잃은 황폐한 밭에서는 썩은 악취만 날 따름이지만, 여호와가 복을 주신 밭에서 자라나는 식물이나 곡식들은 한껏 푸르름을 뽐내며 향기를 발산하여 바라보는 이로 하여금 절로 감탄이 솟아나게 할 것이다.

이삭의 칭찬과 격려는 역(逆)으로 아들 야곱을 하나님의 복이 담긴 밭에서 자라게 하는 축복의 말이다. 여기서 '역으로'라는 말은 부모의 말이 자녀들을 복의 밭 바깥으로 튀어나가게 하지 않을 뿐 아니라 설령 그럴 수 있는 가능성이 있는 자녀라 할지라도 하나님께서 복 주신 밭 안으로 들어오게 할 수 있다는 뜻이다. 이러한 이삭의 축복의 메시지는 탈위성화(脫衛星化 Desatellitization: 부모와의 관계에서 형성된 정체성을 떠나 독립적인 정체성을 확립하기 위해 정상적인 궤도를 이탈하는 위기를 일컫는다) 시기에 처한 청소년일 경우에는 틀림없이 위기를 극복하는 데 큰 도움이 될 것이다.

만일 남편이 아내에게, 혹은 아내가 남편에게 "내 남편(아내)의 향취는 여호와께서 복 주신 밭의 향취로다"라는 축복의 메시지를 전한다고 하면, 부부 사이에 과연 어떤 일이 일어나겠는가? 생각만 해도 가슴이 떨린다. 믿음의 공동체인 교회 안에서 목회자가 성도에게, 성도가 목회자에게, 그리고 성도 사이에 이런 축복의 메시지가 적용된다면, 그런 공동체인 교회의 미래는 밝을 것이다. 더 나아가 어떤 직장, 어떤 조직, 심지어 국가일 경우도 마찬가지일 것이다.

잠언 11장 11절은 말씀한다: "성읍은 정직한 자의 축복으로 인하여 진흥하고 악한 자의 입으로 말미암아 무너지느니라." 또한 잠언 12장 14절은 말씀한다: "사람은 입의 열매로 말미암아 복록에 족하며."

한 가정도 교회도 사회도, 그 어떤 공동체와 국가도 축복의 말이나 메시지를 통해 진흥하지만 악한 말에는 속절없이 무너지게 된다.

수학 열등생과 딸들의 성공 이야기

필자의 초등학교 시절의 수학 실력은 밑바닥을 기었다. 곱셈 문제와 나눗셈 문제 반반이 실린 문제가 나오면 점수는 항상 50점이었다. 도대체 나눗셈은 통 이해가 되질 않았고 아무리 설명을 해주어도 머리에 들어오지 않았다.

드디어 운명의 날이 찾아왔다. 선생님이 한 분단에 한 사람씩 임의로 점찍어 앞에 나와 칠판에 있는 나눗셈 문제를 풀게 하셨다. "주님, 이 잔이 내게서 지나가게 하옵소서." 하고 고개를 숙이고 쿵쾅거리는 가슴을 쓸어내리고 있는데, 하필이면 선생님은 3분단 셋째 줄에 앉아있는 필자를 족집게처럼 찍어내시는 것이 아닌가.

'어찌 하겠는가?......' 다리는 후들거리며 떨렸지만 칠판

앞에 설 수밖에 없었다. 눈앞이 캄캄했다. 한참 서 있는데, 옆에서는 뚝딱거리는 분필 굴러가는 소리가 들렸다. 가만히 있을 수만은 없는 처지라, 쓰고 싶은 아라비아 숫자를 아무 데나 쓰고, 옆 아이들을 따라 밑줄도 긋고 뺄셈과는 아무 상관없는 숫자를 줄 밑에 쓰고, 또 나머지 숫자를 쓰기 위해 점 세 개(…)를 찍고 아무 숫자를 갈겨썼다.

저쪽에서부터 채점을 해오시던 선생님이 필자가 푼 문제(푼 것이 아니라 엉망진창이었다) 앞에 서셨다. 어안이 벙벙한 듯 잠시 서 계시더니 "이게 뭐야!?" 하고 교실이 떠나갈 듯 고함을 치셨다. "이 놈 바지 내려!"라는 불같은 호통 뒤에 내 맨살 궁둥이 위에서 인정사정없는 회초리가 춤을 추었다.

하도 창피해서 필자는 고개를 들 수 없었다. 톡톡히 망신을 당한 것이었다. '쉬어라, 땡땡땡' 종소리가 들리고 반 아이들이 기다렸다는 듯이 바깥으로 우르르 몰려 나갔지만, 필자는 교실에 홀로 남아 책상에 얼굴을 파묻고 눈물을 흘리고 있었다.

필자가 만일 그때 수학선생이었다면, "야! 이건 초수학(Meta Math)이다. 우리 한 번 박수 쳐 주자!" 했을지 모르겠다. 만일 그때 수학선생님이 그렇게 했다면 지금쯤 필자는 머리를 싸매고 공부하여 수학박사가 되어 있을 것이다. 천만 다행스런 것은 지금도 존경하는 외조부이신 고 전성도 장로님과 착하고 어지신 부모님, 이웃 어른들, 그리고 멘토이셨던 교회 장로님들이 부족한 점이 많은 필자를 칭찬해주셔서 오늘날의 이 위치에 있게 되었다는 것이다.

하나님께서는 우리 가정에 예쁜 두 딸을 선물로 주셨다. 그런데 큰 딸 혜진(Katherine)은 총명해서 공부도 잘하고 피아노도 썩 잘 치는데, 둘째 딸 유니게(Eunice)는 지아비를 닮았는지 수학 실력이 영 신통치 않았다. 10문제 나오면 두 문제 풀면 잘하는 편이었다. 초등학교 1학년 때 다른 반 아이들은 제 시간에 귀가했다. 하지만 유니게는 보통 1시간 반에서 2시간 늦게 귀가했다. 서울 종로구 창신동 고갯길을 돌아 집(사택)에 올 때면 항상 콧등에는 땀이 송골송골 맺혀 있었다. "왜 늦게 와?" 하고 물으면 "화장실 청소하고 와요!"라고 대답했다. 사연인즉 수학 점수가 좋지 않아 화장실 청소하는 벌을 받은 것이었다(아직 초등학교 1학년생이라는 것이 담임선생님에게는 전혀 고려의 대상이 아니었다!). 이 말을 듣고 필자는 "유니게야, 넌 아빠 초등학교 때보다 더 잘해." 하고 꾸준히 칭찬하고 격려해 주었다. 필자는 딸

아이들의 성적보고서를 펴볼 때 성적 기록보다는 제일 먼저 사회생활과 발달측면을 들추어보았다.

이렇게 항상 격려와 축복을 받은 큰 딸 혜진이도 그랬지만, 둘째 딸 유니게도 미국 전역에서 랭킹 몇 째 가는 일리노이 주 윌멧(Wilmette, Illinois)에 있는 뉴트리얼 고등학교(Newtrial High School)에서 고급 수학 반에서 공부했고, 둘 모두 대학교를 원만하게 졸업했다.

클린턴 미국 대통령의 어머니는 "사랑한다"와 "네 능력을 믿는다"는 두 마디 말로 아들을 길렀다 한다. 새 아버지가 수없이 바뀌었지만, 클린턴이 그렇게 훌륭하게 자랄 수 있었던 것은 그의 어머니의 축복의 메시지 덕분이었다.

웨슬리의 어머니 수잔나는 아이들이 침대에 들기 전에 항상 세 가지 질문을 했다고 한다.

"애들아, 너희는 누구냐?"

["우리는 위대한 소년입니다."]

"누가 너희를 위대하다고 했느냐?"

["하나님께서 우리를 위대하다고 하셨습니다."]

"그러면 너희는 지금 무엇을 하고 있느냐?"

["예. 우리는 위대한 역사를 창조하고 있습니다."]

이렇게 "너희들은 위대한 일을 할 위대한 하나님의 자녀야!"라는 어머니의 축복의 메시지를 듣고 자신들을 그런 사람으로 여기며 자란 수잔나의 자녀들은 모두가 훌륭한 역사적 인물이 되었음을 우리는 잘 알고 있다.

하나님 권세 대행자인 혀

하나님은 복과 저주의 권세를 우리의 혀에 위탁해두셨다. 우리가 혀를 잘 사용하느냐 못하느냐에 따라서 복과 저주가 결정되고, 한 도성(都城)이 세워지기도 하고 허물어지기도 하니, 실로 혀는 하나님 권세의 대행자이다. 같은 맥락에서 야고보는 혀는 "온 몸을 더럽히고 삶의 수레바퀴를 불사르나니"(약 3:6이하)라고 했다. 수레바퀴의 생명과 동력(dynamic)은 그 바퀴에 있다. 바퀴가 불타버린 수레는 앞으로 굴러가지 않는다. 인생의 수레바퀴가 불타버린 인생은 더 이상 진보나 발전이 불가능한 것이다.

세계적 경영자가 된 윌치(Wilchy)는 어린 시절 말더듬이였다. 어머니는 아들에게 "말을 더듬는 것은 네가 똑똑하기 때문이야. 어느 누구의 혀도 네 똑똑한 머리를 따라갈 수 없을 거야."라는 긍정적인 말로 윌치를 축복했고, 윌치는 어머니의 격려하는 축복의 말로 자신감을 회복하여 성공자가 되었다.

어느 날 에디슨의 담임선생은 장학사에게 "이 아이는 바보입니다. 학교에서 가르칠 가치가 없는 아이입니다."라고 말했는데, 이 말을 들은 에디슨의 어머니는 학교 선생을 찾아가서 "이 아이는 머리가 너무 좋아서 문제입니다. 앞으로 내가 직접 이 아이를 가르쳐서 어떤 사람이 되는지 보여 드리겠습니다." 하고 아이의 손을 잡고 당당하게 걸어 나왔다고 한다. 그리고 아들에게 "너는 절대로 바보가 아니다. 실망해선 안 된다."고 강조해 주었다고 한다.

뒷날 에디슨은 이때를 돌아보며 "나의 생애에서 가장 중요한 시기에 어머니가 나를 이해하고 받아주지 않았던들 나는 발명가가 되지 못했을 것이다... 그 옛날 선생님이 나를 보고 바보라고 했을 때, 어머니는 나를 강력히 감싸주셨다."라고 했다.

위나라 때 최담이라는 장군이 있었다. 그는 풍채가 좋고 늠름했다. 한 번 호령하면 목소리가 얼마나 큰지 사람들이 벌벌 떨 지경이었다. 그 나라에 최담을 모르는 자는 한 사람도 없을 만큼 유명했다. 그에게 최임이라는 사촌동생이 있었다. 어떻게 해서 그런지, 그는 사촌형 최담과는 판이했다. 생김새는 왜소했고 말솜씨가 없어 여러 사람들 앞에서 더듬거리기 일쑤였다. 그래서 사람들은 그를 바보 취급했다. 항상 기가 죽어 몸을 움츠리고 그림자처럼 다녔다. 그러나 최담은 사촌동생을 볼 때마다 긴 수염을 쓰다듬으면서, "동생, 자네는 반드시 큰 사람이 될 걸세. 알다시피 큰 종이나 큰 그릇은 오랜 시간이 걸려 천천히 만들어지는 법일세. 자네도 큰 그릇같이 대기만성으로 크게 성공할 테니 염려하지 말게나. 내 장담하지." 하면서 동생의 어깨를 툭툭 치며 격려해 주었다. 훗날, 최임은 높은 벼슬에 올라 이름 난 정치가가 되었다고 한다.

실로 인생은 '말' 이라는 실로 짜여 지는 옷감이다. 좋은 실로 짜는 지혜가 필요하다.

높은 가치감을 창조하는 축복의 말

축복의 메시지인 칭찬과 격려를 받는 사람은 "나는 가치 있는 사람이다(I am a valuable person)" 라는 높은 자존감

(high self-esteem)을 갖게 된다.

한 사람이 인생을 살아가는 데 있어서 가장 중요한 것은 자기 가치감(sense of self value) 내지는 높은 자존감(high self-esteem)이다. 이것을 상실한 사람은 성공적인 인생을 살아갈 수 없다. 소위 인생에 실패했다는 대부분의 사람들에게서 나타나는 공통적인 요인은 자아 존중감의 결여다.

칭찬과 격려는 또한 원만하고 책임감 있고 성숙한 인간관계를 형성한다. 개인 관계든 가정이든 왜곡된 모든 관계의 핵심에는 칭찬과 격려의 부재가 자리하고 있다. 사람은 모름지기 자기를 칭찬하고 격려해 주는 사람을 가까이하고 싶어 한다. 나를 인정해주지 않는 사람과 그 누가 한 자리에 있고 싶어 하겠는가? 칭찬과 격려는 관계의 시멘트 역할을 한다.

얼마 전에 『칭찬에는 고래도 춤을 춘다』는 책이 번역 출판되었다. 고래가 몇 미터 높이를 뛰어 오르며 묘기를 보이는 데는 까닭이 있었다. 사육사가 쓰다듬어 주며 칭찬하는 데 고래도 반응한 것이다. 고래도 칭찬하면 춤을 추는데 하물며 아이들이겠는가?

강남지역에 사는 465명의 아이들에게 〈부모를 좋아하는

가?〉라는 제목을 가지고 설문조사 했는데, 충격적인 것은 그 중 70%가 "아니다."라고 답변했다는 것이다. 그들은 "사랑한다."는 말을 듣고 싶으며, "함께 시간을 보내고 싶지만 엄마 아빠는 나를 귀찮게 여긴다."고 답했다. 아이들이 자주 듣는 말은 "지금 바쁘니 밖에 나가 놀아라."였다. 아이들이 정서적 사지(死地)로 내몰리고 있는 것이다.

『물은 답을 알고 있다』는 책에서는 물도 우리가 사용하는 말의 영향을 받는다는 사실을 증명해 주었다. 부정적이고 파괴적인 말에는 물의 입자가 혼돈(카오스)으로, 그리고 긍정적이며 축복하는 말에는 아름다운 무늬와 색깔로 반응하는 것이 증명되었다. 어디 물 뿐이랴? 동식물도 칭찬의 말과 아름다운 음악의 영향을 받는다는 사실이 임상적으로 이미 증명되었다.

제주대학 소인섭 교수는 〈음악과 식물의 성장관계〉라는 글을 발표한 적이 있다. 그는 강낭콩과 완두콩을 갖고 실험했다. 같은 온도와 같은 공간 등, 똑같은 조건을 갖춘 두 개의 상자에 강낭콩과 완두콩을 각각 심었다. 그리고 한쪽에는 스피커를 장식해서 아름다운 클래식 음악인 바하의 '파

르티타' 음악을 들려주었고, 다른 한쪽에는 현대 음악의 대
표인 레드 재프린의 락 음악을 들려주었다. 놀랍게도 7일 후
클래식 음악을 들려준 쪽은 35 내지 38센티 자랐고, 락 음악
을 들려 준 쪽은 5센티 정도 밖에 자라지 않았다. 더 신기한
것은 식물이 클래식 음악 소리가 나는 쪽으로 자랐다는 것
이다. 또 락 음악을 들려준 쪽은 음악 소리가 싫다는 듯 스
피커의 반대방향으로 자란 것이었다.

청계 목장에서는 요한 스트라우스의 왈츠 곡을 젖소에게
들려준 결과 우유 량이 평소 15리터에서 23리터로 증가되었
고, 유방암에 걸리는 확률이 상당히 감소되었다고 한다.

동양 사람에게 일을 시켜 본 미국 부인의 말이었다: "일본
인은 일일이 간섭해야 하고, 중국인은 간섭하면 화를 내기
때문에 무엇을 맡기고는 뒤로 슬슬 보살펴야 하고, 한국인
은 칭찬만 해 주면 죽자 살자 일을 잘 한다." 이 말은 들은
도산 안창호는 "칭찬 받고 잘하는 것은 못난 짓이지만, 잘난
이도 칭찬하면 더 좋아지는 법"이라고 하면서 상해에 있는
동지들에게 "여러분도 임시정부 당국자들을 공격만 하지
말고 칭찬도 해 주시오."라고 부탁했다고 한다.

소년 시절의 앙드레 지드는 거짓말과 속임수에 능한 자였다. 그는 꾀병으로 3주 동안이나 학교에 결석한 적도 있었다. 그리고 가련할 정도로 겁이 많고 심약했다. 한 번은 학교 선생님이 지드에게 시 낭송을 시켰다. 평범한 낭송이었지만 선생님은 "넌 아주 훌륭한 작가가 될 소지가 있다."라고 칭찬해 주었고, 이 한 마디가 지드로 하여금 문학 소년의 꿈을 갖게 했고 후에 유명한 작가가 되게 만들었던 것이다.

금세기의 위대한 영성가인 헨리 나우웬(Henry Nouwen)은 "축복은 그 사람이 사랑받고 있음을 확신시켜 주는 것이다. 더 나아가서 그 축복 안에 담긴 내용은 현실로 나타난다."라고 했다.

필자는 칭찬과 격려가 꽃들에게도 긍정적으로 작용하는 것을 임상적으로 수없이 체험했다.

축복 받은 꽃들의 행복 시(詩)

필자는 꽃을 좋아한다. 그래서 마을을 다니다가 꽃을 보면 꼭 꽃씨를 얻어서 비록 좁지만 화단(花壇)에 뿌리는 일을 되풀이 한다. 그리고 새벽기도를 마치고 나오면서 자라나는 그들에게 칭찬과 격려의 말을 하곤 한다. 한 번은 해바라기를 비롯한 여러 가지 씨를 뿌렸는데, 씨가 떨어진 화단은 깊이도 얕고(내가 만든 화단이었다) 흙도 별로 좋지 않은 화단이었다. 하지만 변함없이 그 꽃들을 아침마다 그리고 볼 때마다 축복해주었더니 여느 꽃들 못지않게 키가 쑥쑥 자라는 것이었다. 그 즈음 필자가 쓴 시(詩) 하나가 있다.

그들은 믿음을 저버리지 않았다

나는 꽃을 무척 사랑한다.
그래서 해마다 좁은 뜨락에 꽃을 심는다.
마실 다니다가도 꽃을 보면
때를 기다렸다가 씨를 받아 온다.

봄이 오기를 기다렸다가
넉넉지도 못한 공간을 미안해하면서
깊지도 못함을 미안해하면서
한 해를 침묵 속에 기다려준
꽃씨를 떨어뜨린다.

올해도
꽃씨들은 나의 미안해함을 받아주면서
흔쾌히 뜨락에 몸을 던져주었다.
좁은 공간 때문에 서로 다투지 않았다.
얕은 깊이 때문에 투정도 안했다.

꽃씨들은 나의 믿음을 저버리지 않았다.
서로의 운명을 받아들이더니
그 청초하고 가녀린 고개를 내밀더니
해맑은 얼굴에 미소를 담고
간밤 비에 부쩍 자랐다.

왜 인간들만이 믿음을 저버리는가?
하나님을 저버린 상처가
저버림의 씨앗인가?

믿음의 공동체를 저버리는 것은
자신을 저버리는 죽음이다.
씨앗들은 죽어서 꽃을 피우지만

그런 죽음은 꽃 못 피우는 죽음이다.
하나님의 섭리와 명령을 간직한 꽃씨들!
떨어진 화단을 사명지로 받아들여
순응하는 꽃씨들에게서
믿음과 순종의 원리를 터득하는 신선한 아침.

오늘 아침은 내가 그들에게 물주지 않아도 되는 아침이다.
북상하는 태풍 디앤무를 잘 견디어 주기를
바라는 마음 간절하다.

필자가 자라던 고향집 마을은 봄이 오면 진달래와 개나리가 흐드러지게 피어 마치 수채화 물감을 풀어놓은 듯 했다. 감수성이 강한 필자는 동네 남녀 아이들과 어울려 논과 밭둑의 나물을 캐는 일을 즐거워했다. 그들 중에는 앞집 L씨의 딸들도 끼여 있었다.

L씨는 무슨 일로 화가 치밀어 오를 때면 자식들에게 "망할 손" "빌어먹을 X"과 같은 차마 입에 담지 못할 저주 같은 말을 퍼부으며 손에 들리는 것이면 무엇이든 마구 휘둘렀다. 그런데 그 말을 듣고 자라던 한 딸은 추운 겨울 남편에게

매 맞고 거리를 헤매다 동사(凍死)하고 말았다. 나머지 자녀들에 대해서는 잘 알지 못한다. 그러나 아버지의 악담과 저주에 가까운 말을 듣고 자란 자녀들의 앞길이 순탄하겠는가?

랍비가 하인을 시켜 시장에서 가장 맛있는 것을 사오라고 했는데 혀를 사왔다. 다음 날은 가장 쓴 것 사오라니까 또 혀를 사왔다. 그 까닭을 물은즉 "네, 혀는 좋을 땐 아주 좋고 나쁠 때는 그보다 나쁜 게 없습니다."라고 대답했다고 한다.

혀를 잘 사용하면 복(福)이 되지만 그렇지 못할 경우 화(禍)를 불러 들인다. 생사화복(生死禍福)을 주관하시는 하나님께서는 대리자로 사람의 혀를 세우셨다. "입으로 죽음을 불러들이는 것은 물고기와 사람뿐이다."는 속담처럼, 한문 〈혀 설(舌)〉자는 사람의 '말(口)'이 사람 '천(千)' 명을 죽인다는 뜻을 담고 있다. 이와 마찬가지로 "검에는 두 개의 날이, 사람의 혀에는 백 개의 날이 달려 있다."라는 속담도 혀가 지닌 가공할 파괴적인 힘을 말하고 있다.

세익스피어는 "사람은 비수를 손에 들지 않고서도 가시

돋친 말 속에 그것을 숨겨둘 수 있다.”라고 말했고, 하이네
는 “말 그것으로 인하여 죽은 이를 무덤에서 불러내고 산 자
를 묻을 수도 있다.”라고 했다.

　어느 날 가위와 톱과 혀가 입씨름을 벌였다.
　가위: 나는 어떤 천이라도 내 이빨로 끊어낼 수 있어. 조
　　　　금도 틈을 내지 않고서 말이야.”
　톱: “내 이빨은 장작을 쓸어낼 수 있고, 옹이 투성이 나무
　　　토막도 깨끗하게 베어낼 수 있단다.”
　（혀가 아니꼽다는 표정으로 큰 소리를 쳤다）
　혀: “너희들이 아무리 그래봐야 나하고 비길 수 없을 걸.
　　　남의 명예나 평판을 단번에 반쪼가리로 가를 수 있는
　　　것은 나밖에 없거든. 친구들 사이에 끼어들어 의리를
　　　갈라놓고 아침부터 밤까지 인간과 가정 일에 파고 들
　　　어가서 항상 이빨로 짓씹고 있단 말야!’
　（가위와 톱은 할 말을 잃었다.）

　나치스에 의해 사형당한 오스트리아의 ‘작은 독재자’ 돌
독스 수상의 어머니가 하루는 기자들을 찾아가서 호소했다.
“제 아들은 결코 야망을 가진 사람이 아니었어요. 소년 시절

사제가 될 꿈을 갖고 있었어요. 그런데 주변의 어른들이 '너처럼 키가 작은 사람이 어떻게 사제가 되겠느냐?' 고 놀렸고, 돌독스는 그때부터 열등감을 갖기 시작했고 결국 독재자가 된 것입니다."

다음은 지존파 대부 김기환에 얽힌 이야기다.

언젠가, 어느 초등학교 교실에서 사건이 벌어졌다. 담임선생이 화가 나서 벌게진 얼굴로 한 아이를 호되게 꾸중하고 있었다. 까닭은 아이가 미술 시간에 크레파스를 가져오지 않았기 때문이었다. 그러나 아이는 너무 어려운 가정 형편을 말할 용기가 도저히 나질 않았다. 선생은 아무 말 없는 아이의 머리를 쥐어박으며 버럭 고함을 질렀다: "다음부터는 훔쳐서라도 가지고 와!"

그로부터 17년 후, 그 아이는 지존파의 대부 김기환이라는 이름으로 법정에 서게 되었다. 그는 "초등학교 때 그 선생님의 말 한 마디가 제 인생을 바꾸어 놓았습니다."라고 고백했다. 담임선생의 말 한 마디로 지존파의 대부 김기환은 결코 돌이킬 수 없는 길을 걷게 되었다고 할 수 있다.

밥 먹으려고 미국 와서 목회 하나?

필자가 미국에서 유학하던 어느 날, 미국으로 이민 와서 목회하고 있는 P목사님을 만나고 있을 때였다. 나름대로 열심히 목회했지만 한국이고 미국이고 어디서든 목회 현장에서는 예상치 않은 문제가 발생할 수 있는 법인지라, P목사님이 목회하고 있는 교회에도 어려운 일이 발생했던 것 같았다.

그 교회 어느 중진 신도가 목사님과 대화하던 중 목사님을 향해 삿대질을 하며 "당신, 밥 먹으려고 미국 와서 목회하냐?" 하고 고함치며 대들었다. 그는 주변에 다른 목회자들이 있다는 사실은 안중에도 두지 않았다. 아니 오히려 부족한 종을 포함한 다른 목회자들도 들으랍시고 그랬는지도 모른다. 자세한 내용이야 알 수 없었고 또 물어볼 게재도 아니었지만, 필자는 큰 충격과 말할 수 없는 비애를 느꼈다.

목회자는 어떤 일로도 성도를 이길 수 없다. 잘 했든 못했든 져야 하는 십자가의 험난한 길을 선택한 것이 목회자의 길이다. P목사님은 애써 굳은 표정을 바꾸려 애썼지만, 시간이 다소 걸린 듯 했다. 밖으로는 태연했지만, 아마 그의 마음속에서는 눈물을 흘리고 있었는지도 모른다. 필자의 마음속에도 비애의 눈물이 흘러내리고 있었으니까 당사자는 오죽했으랴.

지금도 그때 일을 떠올리면 P목사님이 안쓰럽다. 지금은 목회 상황이 어떻게 되어 가는지 소식이 오가지 않지만, "밥 먹으려고 미국 와서 목회 하냐?"라는 비난의 화살은 어쩌면 그의 가슴속에서 그대로 박혀있을 것이라는 생각이 든다. 물론 P 목사님은 그를 용서는 했겠지만.

왜 우리는 하나님이 주신 세치 혀를 가지고 남에게 상처를 입히는 마이너스 인생을 살아야 할까? 만일 목회자가 실수를 했다손 치더라도 "목사님, 염려하지 마십시오. 모든 것은 우리의 불찰입니다. 제가 도와 드리겠습니다."라고 말했다면, 그 목사님은 힘을 얻어 목회에 더 정진했을 것이다. 목숨 걸고 양들을 돌보는 참 목자로 성장했을 것이다.

3. 칭송과 찬사: 높은 가치를 부여함

> 하나님은 하늘의 이슬과 땅의 기름짐이며 풍성한 곡식과 포도주를 네게 주시기를 원하노라 (창 27:28)

하늘과 땅의 하나님은 '비의 왕'(King of rain. 신 11:14, 호 6:3, 10:12 등)으로서 하늘의 이슬과 비를 흡족히 내려 땅을 기름지게 하시며, 기름진 땅에서 자라나는 곡식들로 만족하게 하시고 달고 탐스런 포도를 맺도록 하셔서 사람의 마음을 즐겁게 하는 포도주(전 9:7)로 인생을 즐기게 하시는 분이시다.

이삭은 아들 야곱이 비의 왕이신 하나님이 내리시는 복을 받을 수 있을 만큼 가치 있는 아들이라고 칭송하며 축복했다. 실상 칭찬이라는 말 '유로게오(urogeo)'는 하나님을 송축할 때 사용하는 말과 동일하다. 그러므로 우리가 만일 누구를 칭찬한다면 그 사람을 칭송하는 것이다. 야고보는 한 샘이 단물과 쓴물을 동시에 낼 수 없듯이 한 입으로 하나님을 찬양하고 동시에 형제자매를 비난할 수 없다(약 3:9-10)고 하였다.

아버지 이삭은 아들 야곱이 창조주의 손에 의해 심히 기묘하게(Wonderful) 지음 받은 유일무이하고 가장 독특한 존재(시 139편)라는 사실을 깊이 인식하고 있었던 것일까? 이삭 자신에게 있어서 아들 야곱은 그 자신의 연장(延長)이나 대리만족(代理滿足)의 도구가 아니라 창조주 앞에서 자신을 성취해 나갈 독립적이며 책임적인 인격임을 누구보다 잘 알고 있었던 것일까?

아버지 이삭은 아들 야곱이 하나님이 주시는 복을 받을 만큼 가치 있는 사람임을 인정했다. 그는 자신의 아들이 비의 왕(King of rain)이신 하나님의 축복을 받을 만큼 가치 있는 존재라고 칭송(稱頌)하며 찬사(讚辭)를 보낸 것이다. 칭송 혹은 찬사는 아들에게 높은 가치를 부여하는 것이다.

여기서 우리가 염두에 두어야 할 중요한 사실 하나는, 가치를 인정받는 사람은 가치 있게 행동하지만 그렇지 못한 사람은 가치 없게 행동한다는 것이다. 우리가 보기에 가치 없는 모든 그릇된 행동의 밑바닥에는 그 사람이 받은 "넌 가치 없는 존재야."라는 메시지를 받아들인 나머지 자신을 무가치한 존재로 여기는("난 가치 없는 존재야") 무의식적 인식이 깔려 있다. 그런 실례는 우리 주변에서 얼마든지 찾아볼 수 있다.

필자가 유학시절에 살던 시카고(Chicago)의 한 교회 중직자는 자녀들을 지나치게 엄격하게 대했다. 보수적인 신자로 자처한 그는 교회에서는 아주 거룩했지만, 가정에 돌아가서는 폭군이었다. 그 가정에서는 "XX놈" "XX년" "넌 내 아들

이 아니야." "왜 너 같은 놈을 내가 낳았는지 모르겠다."와
같은 거친 폭언이 허구한 날 다반사였다. 날이 갈수록 아내
와 자녀의 자존감은 허물어져 갔다. 그는 자신의 생각에 맞
지 않는다고 생각되면 아내고 자식이고 함부로 벌을 주기
일쑤였고, 그 벌은 때로 40일 새벽기도로 연결되기도 했다.
'벌 새벽기도'가 그들에게 어떤 의미로 다가왔겠는가는 가
히 짐작하고도 남는다.

　비뚤게 자란 아들은 사건을 저지르기 시작했다. 비행(非
行) 청소년들과 어울려 돈과 차를 훔치고, 남의 것을 빼앗는
등 온갖 비행들로 그 아버지를 공격하기 시작했다. 적어도
그 아들은 아버지에게 자신이 무가치한 존재라는 것을 증명
했다. 그의 아내 역시 마찬가지였다. 가슴앓이 하면서 한을
품고 살던 아내는 결국 암(癌)으로 한 많은 세상을 일찍 등
지고 말았다. 아내의 죽음은 달리 해석될 수도 있지만, 남편
으로부터 받은 무가치함을 증명한, 다시 말해 세상에 더 있
을 필요가 없다는 존재임을 증명한 것이 아닐까?

그림자 전사의 실체

　로버트 무어(Robert Moore)의 이론을 적용한다면 위와

같은 아들의 경우는 그림자 전사(Shadow Warrior)에 해당한다. 진정한 전사(True Warrior)에게서 나오는 남성의 진정한 에너지(Authentic Energy)는 위의 경우와는 사뭇 다르다.

진정한 전사는 먼저 하나님이시다(출 15:3 "여호와는 전사시니" *God is Warrior*, 사 42:13, 렘 20:11, 14:9). 전사가 지닌 특성들 가운데 가장 중요한 특성 몇 가지는 긍정적인 정신적 태도(positive mental attitude), 책임 있는 행동(responsibility of one's action), 자기 이익을 초월한 헌신(transpersonal commitment), 그리고 자비 혹은 긍휼(compassion)이다. 이런 특성들은 이스라엘 백성의 해방과 구원, 그리고 예수 그리스도의 십자가에서 나타났다. 그런데 이와 상반되는 그림자 전사에게서는 난폭한 정서와 행동(violent emotionalism and violent action)이 돌출된다. 그리고 그 밑바닥에는 받은 상처(trauma)로 인한 무가치감(sense of valuelessness)이 깔려 있다.

아버지는 아들에게 진정한 전사의 역할 모델(role model)을 해 주지 못했다. 그의 내면은 역시 그림자 전사 에너지로 충만했다. 그리고 그 밑바닥에는 자신의 존재의 무가치감이 자리하고 있었다. 그래서 자신의 그림자를 아들에게 계속 투사한 것이다. 아버지의 그림자 투사(Shadow projection)를 받은 아들은 자신이 받은 그림자를 아버지에게 되돌려 투사했다. 그는 "넌 무가치한 놈이야!"라는 아버지의 메시지를 받아들여 그대로 행동에 옮긴 것이다.

비단 그림자는 이뿐만이 아니다. 그림자 왕(Shadow King), 그림자 메지션(Shadow Magician), 그리고 그림자 연인(Shadow Lover)이 우선적으로 아버지 내면에 있었다. 진전한 왕은 아버지 에너지(Father energy)를 갖지만 그림자 왕은 폭력적이다. 아버지는 이 에너지를 갖고 있지 못하기 때문에 아들과 아내에게 폭력을 휘두른 것이다. 진정한 메지션은 아들을 성숙하고 통합된 인격으로 이끌 수 있지만(이런 경우를 ritual elder라 부른다), 그림자 메지션인 아버지는 아들을 조종(manipulation)하고 학대(abuse)했다. 그리고 진정한 연인인 아버지는 아들과 아내와 연결(connectedness)을 창조하지만, 그림자 연인인 아버지는 분리를 창조했다. 비단 이런 일은 어떤 특수한 한 가정에서만 일어나는 일이 아니라 보편적으로 일어나는 현상이다.

우리는 실로 높은 가치를 부여하는 칭송(유로게오)과 찬사가 메마른 시대에 편승하고 있다. 칭송과 찬사에 갈급한 나머지 그것의 허기를 채우기 위해 부정적으로 칭송과 찬사를 받는 기사들이 날마다 끊이지 않고 신문과 기타 메스콤의 어두운 부분을 장식하고 있다. 그들은 사이비 칭송과 찬사라도 받아야 자신의 존재감과 가치감을 확인할 수 있는 것이다.

함께하는 시간

가치를 부여하는 다른 한 가지는 함께하는 시간이다. 남편이 시간을 내어 아내와 대화를 나누며 함께할 때, 특히 아버지가 시간을 내어 자녀와 함께 시간을 가질 때 그들은 자신을 가치 있는 존재로 느낀다.

필자가 번역한 『상처 난 아버지와의 관계 회복』(*The Search for lost Fathering*)에 나오는 이야기다. 미국 하원의원인 아버지가 오랜 만에 시간을 내어 아들과 함께 낚시하러 갔다. 낚시를 마치고 돌아온 아버지는 그날 일기에 "오늘 하루는 잡쳤다."라고 썼다. 하지만 아들은 그날 일기에 "오늘 하루는 내 인생의 최고의 날이었다."라고 썼다.

저자는 그 책에서 자식들을 조종하고 학대하는 등 힘들게만 하는 아버지를 '반(反) 아버지' (Anti-father), 생존은 하고 있으나 자식과 함께하지 않는 아버지를 '반(半) 아버지' (half-father)라고 호칭했는데, 그렇다면 우리는 아내를 마냥 괴롭히는 남편을 '반(反) 남편' (Anti-husband), 그리고 아내와 함께하는 시간을 갖지 않는 남편을 '반(半) 남편' (half-husband)으로 부를 수 있지 않을까? 이 원리는 모든 공동체와 인간관계에도 적용될 수 있다. 그러면 함께함으로써 가치를 부여해 준 몇 가지 사례들을 살펴보도록 하자.

미국 클린튼 행정부 때 노동부 장관이었던 로버트 라이시 (Robert Reicy)는 노동부 장관이라는 성공의 정점에서 사임을 하고 대학 교수로 자리를 옮겼다. 그가 사임한 동기는 여덟 살 난 아들과 나눈 전화 통화에서 비롯되었다. 집에 돌아가야 할 시간인데, 늦은 밤에 할 일이 많아 아들에게서 전화 걸어 "오늘 아빠가 바빠서 늦으니 먼저 자라."고 했다. 그랬더니 아이가 "아빠, 집에 오는 대로 날 깨우세요."라고 했다. 왜 깨우냐고 물으니 "아빠가 내 곁에 있는지 확인하고 싶어서요."라고 대답했다고 한다. 그는 이 아들의 말에 충격을 받고 고민 끝에 사임을 결정했던 것이다. 아들을 지켜

주기 위해 라이시는 장관 자리도 기꺼이 버릴 수 있었던 것
이다.

클린턴 대통령이 열네 명의 장관을 임명했는데, 그 중에
서 7명이 거절했었다. 크리스토프 국무장관도 역시 거절했
는데 그 이유는 가정에서 자녀들과 함께 지내고 싶다는 것
이었다. 참으로 가슴 뭉클한 감동적인 아야기다.

죤 드레셔(John Drescher)는 〈내가 다시 가정을 시작한다
면〉이라는 글에서 이렇게 썼다:

1. 나는 아내를 더 사랑하겠다.

2. 나는 아이들과 더 많은 시간을 가지며 웃겠다.

3. 나는 보다 더 나은 청취자가 되어 주겠다.

4. 나는 보다 더 정직하겠다.

5. 나는 가족을 위해 기도하겠다.

6. 나는 더 많은 시간을 가족과 함께 보내겠다.

7. 나는 더 많이 칭찬하고 격려하는 자가 되겠다.

8. 나는 작은 일에 더 관심을 기울이겠다.

9. 나는 가정에 더 소속감을 갖겠다.

10. 나는 하나님을 가족에게 소개 하겠다

열 가지 모두가 가슴에 와 닿는 말들이지만, 특히 가족을 칭찬하고 격려하며 가족과 함께 하겠다는 데 우리는 공감을 갖는다. 부모, 특히 아버지가 자녀들과 함께할 때, 자녀들은 자신을 가치 있는 존재로 여기게 된다.

필자는 딸들이 고국을 방문하거나 우리 내외가 그들에게 갈 기회가 있으면 그들과 TV 보는 시간을 갖는다. 물론 함께하는 다른 의미 있는 시간도 갖지만. 그런데 실상 필자는 TV에 별로 취미가 없다. 하지만 딸들과 함께 TV 앞에 앉는 까닭은 그 시간은 가족이 함께 공감대를 나누며 친교할 수 있는 좋은 시간이기 때문이다. 아내와 딸들은 "함께 본다"는 그 자체만으로도 의미 있어 한다. 이따금 딸들이 "아빠, 재미있죠?"라고 물으면 "그래, 재미있어. 그런데 너희들과 함께 보니 더 재미있어!"라고 말한다. 그러면 사춘기를 벗어나 이미 결혼 적령기에 도달한 딸들이지만 무척 행복해 한다.

시편 139편에서 하나님은 피조물인 우리를 극구 칭송하며 찬사를 보내신다. 심히 기묘하게(Wonderfully) 지음 받은 우리를 보시고 어찌할 바를 몰라 몹시 기뻐하시며 춤을 추신다(습 3:17). 토기장이가 심혈을 기울여 제작한 걸작품

도기(陶器)를 보고 흐뭇해하듯, 하나님은 세상이라는 그분의 진열장 안에 진열된 진열품인 우리 각자를 보시고 심히 좋아하시는 것이다(창 1:31).

재론하지만, 하나님은 우리의 있는 모습 그대로를 긍정하시고 용납하시고 사랑하는 마음으로 우리를 칭송하시고 우리에게 찬사를 보내신다. 이 놀라운 사실을 받아들여 자신의 가치를 인정하는 자가 남의 가치를 인정하며, 궁극적으로 자신을 축복하는 자가 남을 축복한다.

궁극적으로 하나님은 모든 인간을 가치 있는 자로 창조하셨다. 무가치하게 창조된 자는 단 한 사람도 없다. 그러나 가치 있게 지음 받은 자라도 자신을 무가치하게 여긴다면 무가치해 질 수 있는 법이다. 그리고 그 책임은 우리 자신에게 있다.

4. 비전의 제공: 특별한 미래를 그려 줌

만민이 너를 섬기고 열국이 네게 굴복하리니 네가 형제들의 주가 되고 네 어머니의 아들들이 네게 굴복하며 너를

저주하는 자는 저주를 받고 너를 축복하는 자는 복을 받
기를 원하노라 (창 27:29)

네 번째 축복의 형식은 비전(Vision)을 제공하는 것, 즉 특별한 미래를 그려주는 것이다. 우리 자녀들의 마음은 백지(白紙)와 같다. 이 백지 위에 우리가 큰 그림을 그려주면 그 그림대로 자녀들은 성장한다.

필자가 초등학교 시절 배운 나다나엘 호돈의 「큰 바위 얼굴」은 이 진리를 극명하게 드러내는 훌륭한 이야기이다. 매일같이 태양이 뉘엿뉘엿 질 무렵에, 어머니는 어린 아들의 손을 잡고 대문 밖으로 나와 앞산 큰 바위 얼굴을 바라보면서 그에 얽힌 전설을 아들에게 들려준다. 세월이 흐른 뒤 아들은 매일 바라보았던 큰 바위 얼굴과 같은 위대한 인물이 된다. 심리학에서는 그것을 피그말리온 효과(pygmalion effect)라고 한다. 우리는 이와 같은 사례를 구약성경에서도 찾을 수 있다.

야곱은 구약의 하나님 백성의 대표자(Representative of the Israel)라는 위대한 인물이 된다. 이는 전능자이신 '엘솨

다이' 하나님이 그에게 주신 새 이름 '이스라엘'에서도 드러난다. 하나님의 사자와 얍복강에서 처절하게 씨름한 후, 야곱의 부러진 허리에서는 열왕이 탄생하고 민족들이 탄생했다. 야곱은 아버지 이삭이 그려준 그림대로 형제들의 으뜸이 되었다. "아브라함의 하나님, 이삭의 하나님, 야곱의 하나님"(출 3:15, 4:5, 6:3)으로 칭하셨던 하나님은 이제 '야곱의 하나님'으로 칭함을 받으신 것이다(시 20:1). 그리고 하나님이 주신 언약에 관한 한, 레위기 26장 43절에서는 "내가 야곱과 맺은 내 언약과 이삭과 맺은 내 언약을 생각하며 아브라함과 맺은 내 언약을 생각하고…"라고 말씀한다. 내용에서는 아무런 차이가 없지만, 순서상 야곱이 먼저 언급된 것은 뭔가 성경 저자의 의도를 반영하고 있는 것은 아닐까?

이제 비전이 이끄는 힘에 대해 몇 가지 사례를 들어보자.

하나님이 주신 환상

필자가 고등학교 2학년생이었을 때인 어느 날 밤, 하나님은 위대한 별 꿈을 주셨다. "너희 가운데 누가 먼저 하늘에 있는 큰 별을 찾으라"는 음성이 하늘로부터 들리자, 와글

와글 북적대는 세상 사람들 모두가 그 별을 찾느라고 애쓰고 있을 때, 필자는 동쪽 하늘에 있는 희미한 별 하나를 먼저 찾았다. 그 별 주위에는 작은 별들이 원을 그리며 둘러서 있었다. "저 별이야!" 하고 깨닫는 순간 그 희미하던 별이 큰 광채를 발하며 필자에게로 향하여 날아오기 시작했고, 필자 역시 그 별을 향해 하늘로 날아오르기 시작했다. 그러다가 그 별과 필자는 큰 광채 가운데 '꽝' 하고 부딪쳤다.

이런 꿈이 있은 지 얼마간의 시간이 흐른 다음, 하나님은 필자에게 환상을 주셨다. 집터가 흔들리며 두려움이 엄습하는 가운데 눈앞에 12개의 별이 나타났다(삼각형 별자리 네 개가 전체적으로 4각형을 이루고 있었다). 별들이 엄청난 광채를 내 얼굴에 쏟아 붓는 가운데 "내가 너에게 하늘 가운데 별을 약속했는데 왜 낙망하느냐?"는 책망과 위로의 음성이 내 귀에 생생하게 들렸다. 그러다가 한순간 그 별들은 자취도 없이 사라지고 말았다. 어떤 심리학자는 인간의 정신이 공황 상태에 있을 때 이와 같은 빅 드림(Big Dream)을 꾼다고도 한다. 하지만 분명코 필자에게는 꿈이 아니었고 하나님이 주신 환상(Vision)이었다. 그리고 지금도 그 환상(비전)이 필자의 인생을 이끌어가고 있다고 확신한다. 어떤 고난과 시련을 만난다 하더라도. 하나님은 비전을 주시는 분이시다.

　빌리 그래함(Billy Graham)은 어린 시절 동네에서 소문난 말썽꾸러기였다. 동네 모든 사람들이 빌리를 욕할 때 유독 한 노인만이 그를 향해, "너는 사람들을 끄는 힘이 있어. 노력하면 앞으로 큰 인물이 될 거야"라고 말했다. 그 노인이 없었다면 오늘의 빌리 그래함은 존재하지 않았을 것이다.

　유대인의 한 사람인 아인슈타인은 어려서부터 말을 제대로 하지 못하는 열등아였다. 학교생활 기록부에는 "무엇을 하건 성공할 가능성이 희박하다."라고 적혀 있었다고 한다. 그러나 아인슈타인의 부모는 그에 대해 조금도 실망하지 않았다. 그가 비록 학교 공부는 못하지만 그에게도 어떤 능력이 있을 것이라는 확신을 갖고 있었다. 특히 어머니는 아인슈타인이 학교에서 돌아오면 쉐마를 가지고 교육을 시켰다. 그러면서 "너는 장차 세계적인 큰 인물이 될 거야." 하며 비전을 제공해 주었다. 이와 같은 어머니의 사랑, 자신과 용기를 잃지 않도록 하는 가정교육, 그리고 개성을 존중하고 그것을 최대한 길러주며 비전을 제공하는 부모의 태도가 '상대성 이론'을 발전시킨 세계적인 물리학자로 그를 키웠던 것이다.

　1920년 미국 대통령을 지낸 캘빈 쿨리지는 신앙이 아주 좋은 대통령이었다. 그는 제직 시 주일마다 교회에서 예배 드리고 교회학교 교사로 봉사했고 어린아이들을 믿음으로 살도록 하나님의 말씀을 가르치면서 꿈을 길러주었다. "너도 대통령이 될 수 있다." "너도 훌륭한 세계적인 인물이 될 수 있다." 그 말을 들은 소년들은 꿈을 갖고 열심히 노력하였고, 많은 훌륭한 인물들이 배출되었다. 그의 영향을 받아 대통령이 된 사람이 바로 존 에프 케네디 대통령이다.

　링컨 또한 어머님이 주신 성경책과 비전으로 역사적인 인물이 된 사람이다. 어머니는 아들 링컨을 불러놓고, "사랑하는 에이브야, 네게 남겨줄 유산이란 낡은 이 성경책 한 권뿐이란다. 하지만 이 책을 열심히 읽고 말씀대로 살면 넌 하나님께서 사용하시는 훌륭한 인물이 될 것이다."라는 유언을 남겼고 어머니의 유언대로 링컨은 성경책을 읽으며 그의 비전을 키워나갔다. 수많은 시련에 봉착했지만, 그는 결국 역사적인 큰 인물이 되었다.

자녀에게 비전, 곧 특별한 미래를 그려주는 부모, 남편에게 비전을 심어주는 아내, 성도들에게 비전을 심어주고 목회자에게 비전을 심어주는 교회가 된다면, 그래서 하나님의 꿈(비전)이 이루어진다면 우리의 삶은 예수가 이 땅에 오신 목적대로 풍성한 삶(요 10:10)이 되고, 아빌라의 성 테레사(St. Theresa of Avilla)가 말한 모든 사람을 사랑하고 섬기는 향기 나는 '관상적인 삶'(Contemplative life)이 되지 않을까?

다음 장에서는 축복사역과 관련하여 전통적인 유대인 가정의 축복사역과 아울러 우리가 사용해야 할 말과 사용하지 말아야 할 말을 살펴보자.

축복의 원리는 지극히 간단하다. 만복(萬福)의 근원이신 하나님은 우리 모두가 축복사역(Blessing ministry)을 통해 하나님이 주시는 복의 통로가 되기를 원하신다는 것이다. 하나님은 우리가 하는 축복을 통해 복을 주시기를 기뻐하신다. 4가지의 축복의 형식을 정리해보자.

1. 스킨십: 의미 있는 만짐 혹은 접촉과 껴안아주기(포옹)

성경에 나타난 스킨십의 사례를 살펴보고 목회현장에서 어떻게 조화시켜나가야 할 것인가를 연구해보자. 또한 축복사역의 실행으로서 의례와 예전을 가정과 목회현장에 어떻게 접목시킬 것인가?

2. 칭찬과 격려: 축복하는 말 혹은 메시지

하나님의 권세 대행자인 혀를 통해 높은 가치감을 창조하는 축복의 말을 해야 한다. 성경과 일상생활에서의 실례를 살펴보고, 목회현장에서의 축복사역에 도입해보자.

3. 칭송과 찬사: 높은 가치를 부여함

가치를 인정받는 사람은 가치 있게 행동하지만 그렇지 못한 사람은 가치 없게 행동한다는 것을 염두에 두고, 높은 가치를 부여하는 칭송과 찬사를 아낌없이 함으로 복의 통로가 되자.

4. 비전의 제공: 특별한 미래를 그려 줌

믿는 자들에게는 비전(Vision)을 제공하는 것, 즉 특별한 미래를 그려주는 것이 반드시 필요하다. 특히 청소년들에게 더욱 그러하다. 가정과 목회현장에 비전을 통한 축복사역에 힘쓰자.

제3장
유대인 가정의 축복사역

하나님의 선택 백성 유대인의 삶은 제의(ritual)로 가득 찬 삶이다. 아니 그들에게 있어서 삶은 곧 제의요, 제의는 곧 삶 자체였다고 말할 수 있다. 모세에 의해 제정된 모든 절기들은 그 사실을 여실히 말해 준다. 그들에게 제의가 없는 삶은 생각할 수 없다.

그런데 여기서 그들의 제의를 다 논하는 것은 우리의 목적이 아니기 때문에 〈샤바트〉 곧 안식일 제의 축복과 식탁 제의 때의 축복사역만을 국한하여 다루도록 하겠다.

1. 안식일 제의 때의 축복사역

무엇보다도 유대인 가정에서 이뤄지는 축복사역들 가운

데 핵심은 샤바트(שבת), 안식일의 축복 제의(ritual)이다.

매주 금요일 저녁때가 되면 가정의 어머니가 두 개의 촛대에 불을 켠다. 그리고 두 개의 촛불에 더하여 가족 수에 따라 더 많이 켤 수도 있다. 두 개의 촛불은 출애굽기 20장 8절의 "안식일을 기억하여 거룩히 지키라"는 말씀과 신명기 5장 12절의 "안식일을 지켜 거룩하게 하라"는 말씀에 근거한 것이며, 불을 켜는 것은 어둠과 파괴의 세력에 대한 승리와 기쁨, 그리고 생명을 상징한다. 물론 새 창조의 의미도 들어 있다고 할 수 있다.

그리스도의 모형인 성막에 제사장이 들어가서 제일 먼저 한 일은 촛대(등잔대)에 불을 켜는 일이었다. 만일 촛대가 없다면 캄캄한 성막 안에서 제사장이 직무를 감당하는 것은 불가능했다. 그리고 신약에 와서 성막의 실재인 예수는 세상의 빛으로 오셨다(요 1:5).

그리고 이 자리에 가장인 아버지가 아닌, 어머니가 촛대에 불을 켜는 이유는 무엇인가? 그것은 하와가 먼저 금지된 선악과를 따 먹음으로써 하나님이 에덴에 창조하신 첫 가정을 파괴했기 때문이다. 여성의 대표인 하와가 가정의 불을 끈 장본인이기 때문에, 그 꺼진 불을 밝히는 책임적인 자로서 그 자리의 촛대의 불을 켜는 것이다.

금요일 저녁 안식일이 시작될 때 촛불을 켜면서 어머니
는.

> 복 주시는 우리 주 우주의 하나님은
> 당신의 율례로 우리를 성결케 하셨고
> 우리에게 안식일 불을 붙이도록 명하셨나이다

라고 선언하며 계속하여 축복문을 낭송한다:

> 오 우리의 주 하나님이시여, 우주의 왕이시여
> 주님을 높이 찬양하나이다.
> 주님은 주님의 법과 계명으로
> 우리를 거룩하게 성별하시고
> 우리로 하여금 샤바트의 불을 밝히도록
> 명하셨나이다.

> 샤바트의 촛불을 밝히며
> 우리는 삶의 거룩성을 보존하나이다.

우리가 점화하는 거룩한 불빛 하나하나로
세상은 더욱더 조화된 세계로 밝아지나이다.

축복문은 계속 낭송되어 진다:

주 하나님, 조상의 주님, 주님의 뜻대로 행하소서.
주님은 우리 온 가족에게 은혜를 주시는
분이시나이다.
우리와 모든 유대인이 장수하고 선한 삶을
살도록 도우소서.
우리를 선과 복, 구속과 긍휼로 기억하소서.
우리에게 많은 복을 내리소서.

우리에게 평화를 주시고 우리 안에 거하소서.
우리로 하여금 하나님을 사랑하게 하시고
주님을 존경하는 지혜롭고 명철한 자녀들과 자손들을
키우게 하소서.

나의 자녀들이 진리의 남성과 여성이 되게 하시고
주님께 붙어있는 경건한 백성이 되게 하소서.

토라와 선행, 그리고 봉사로 세상을 밝히게 하소서.

간절히 비옵나니

우리 어머니 사라, 리브가, 라헬, 레아를 인하여

우리 기도를 들어주소서.

우리의 영혼의 앞길을 밝혀 주시고

우리를 친절히 감찰하시고 구원하소서.

만일 아린아이들이 참석했을 경우는 더 많은 축복문을 낭
송하는데, 이때는 두 세 사람이 돌아가며 축복문을 낭송한
다:

주님, 샤바트는 여느 평일과 다르옵니다.

샤바트 식탁에 켜 놓은 촛불의 아름다움이며

달콤한 포도주를 마시며 부르는 기도의 송가입니다.

샤바트는 부드러운 금빛의 할라 빵을 깨물어

먹는 것이며

가족을 위한 축복입니다.

샤바트는 우리 온 가족이 주님께 감사하다고 말하는

대화입니다.

그러고 나서는 믿음의 족장 이삭이 그의 아들 야곱과 에서를 축복하고 야곱이 그의 열두 아들을 축복한 구약의 전통을 따라서 부모들은 자녀를 축복한다. 이때 아버지는 자녀들의 머리나 어께 위에 손을 얹고 축복 하는데 자녀의 이마에 입을 맞추기도 한다.

1) 아들을 위한 축복문(기도)

주님, 이 아들에게 영감을 주소서.
그리하여 이 아들이 우리 민족의 삶을 계승해 온
에브라임과 므낫세의 전통을 따라 살게 하소서.

2) 딸을 위한 축복문(기도)

주님, 이 딸에게 영감을 주소서.
그리하여 이 딸이 우리 민족의 삶을 계승해 온
사라, 리브가, 라헬, 레아의 전통을 따라 살게 하소서.

자녀들을 위한 축복에는 제사장 아론에게 하라고 명하셨

던 축복인 민수기 6장 24-26절의 축복이 포함된다.

3) 아내를 위한 축복문(기도)

자녀들을 위한 축복이 끝나면 이제 아버지는 남편으로서 아내를 축복한다(탈무드는 '아내는 남편의 집' 이라 했기 때문에 남편은 아내를 '가정' 이라 부른다). 잠언 31장의 말씀을 낭송함으로써 아내를 향한 사랑과 존경을 표시한다.

그런 자는 살아있는 동안에 그의 남편에게 선을 행하고
악을 행하지 아니 하느니라.

그는 곤고한 자에게 손을 펴며

능력과 존귀로 옷을 삼고
후일을 웃으며

그의 자식들은 일어나 감사하며
그의 남편은 칭찬하기를 덕행 있는 여자가 많으나
그대는 모든 여자보다 뛰어나다 하느니라

4) 남편을 위한 축복문(기도)

아내를 향한 축복이 끝나면 이제 아내는 남편을 위하여
시편 112편을 낭송한다:

여호와를 경외하며 그의 계명을 크게 즐거워하는 자는
복이 있도다
그의 후손이 땅에서 강성함이여

정직한 자들의 후손에게 복이 있으리로다.
부와 재물이 그의 집에 있음이여
그의 공의가 영구히 서 있으리로다.
정직한 자들에게는 흑암 중에 빛이 일어나나니
그는 자비롭고 긍휼이 많으며 의로운 이로다

그는 흉한 소문을 두려워하지 아니함이여
여호와를 의뢰하고 그의 마음을 굳게 정하였도다
그의 마음이 견고하여 두려워하지 아니할 것이라

그가 재물을 흩어 빈궁한 자들에게 주었으니
그의 의가 영구히 있고, 그의 뿔이 영광 중에 들리리로다

5) 다함께 하는 기도

가족들을 위한 축복이 끝나면 모두 함께 하나님께 기도를
드린다:

주 하나님, 우리 가족을 인하여
우리 모두가 주 하나님 앞에 하나가 되었다는 사실을

인하여 감사드리나이다.
우리 마음이 주 하나님께 향하고 주님께만
충성될 때에야 비로소 사랑하고 돌볼 수 있는 능력이
우리에게 있는 것을 고백하나이다.

주 하나님, 우리로 다른 사람들의 필요에 민감하게 하소서
우리로 주는 일에 앞장서게 하소서
우리가 다른 이들에게 베푼 것을 전혀 기억하지
못하게 하시며
우리가 용서한 것을 헤아리지 않게 하소서

우리 주위에 이웃이 있음을 인하여 감사하게 하시며
우리의 사랑과 친절이 그들에게 나타나게 하소서
말을 할 때는 늘 부드럽게 말하게 하소서
우리가 남을 비판할 때는
부드러운 말과 남을 돌보는 말을 찾게 하소서
상대방을 안타까워하며 이해하는 말, 격려하는 말,
그리고 칭찬하는 말을 할 기회를 찾게 하소서

우리 가족에게 건강과 기쁨을 주시고,

2. 식탁 제의에서의 축복사역

식탁에서의 가족 상호간의 축복은 믿음의 조상 아브라함에게 기원을 두고 있다. 그것은 아브라함이 세 나그네를 환대(hospitality)하여 복을 받았기 때문인데(창 18장), 당시 베두인의 전통은 길 가는 나그네가 우연히 장막을 지탱하는 끈에만 닿아도 장막 안으로 영접하여 사흘 간 묶고 가게 할 의무를 지녔다. 하지만 아브라함은 장막을 지탱하는 끈에도 닿지 않은 길 가는 세 나그네(그들은 천사들이었다)에게 달려가 그들을 적극적으로 환대하여 복을 받았다. 이러한 아브라함의 환대에는 연합과 동거의 의미도 함축되어 있었다.

그래서 유대인들은 형제끼리 연합하여 동거하는 일을 즐

거워한다. 그래서 식탁에 모일 때 그들이 사용하는 전형적인 축복문은 시편 133편이다.

보라 형제가 연합하여 동거함이
어찌 그리 선하고 아름다운고
머리에 있는 보배로운 기름이 수염
곧 아론의 수염에 흘러서
그의 옷깃까지 내림 같고
헐몬의 이슬이 시온의 산들에 내림 같도다
거기서 여호와께서 복을 명령하셨나니 곧 영생이로다

그들에게 있어서 식탁은 코이노니아(koinonia) 이상으로 하나님께서 주시는 복(Blessing)의 장소이다.
우리들의 가정이 이와 같은 축복사역의 현장으로 바뀌기를 간절히 소망한다.

하나님의 택한 백성인 유대인의 삶은 제의(ritual)로 가득 차 있다. 그 제의를 통해 축복사역을 행하고 느끼고 진행시켜 나간다. 유대인의 안식일과 식탁에서의 축복사역을 정리해보자.

1. 안식일 제의 때의 축복사역

유대인 가정에서 이루어지는 안식일 제의 때의 축복사역을 살펴보고, 우리 가정에 적용시켜본 후에, 가정의 일원으로서(아들, 딸, 아내, 남편, 다함께) 축복기도문을 작성해보자.

2. 식탁 제의에서의 축복사역

식탁은 코이노니아(koinonia) 이상으로 하나님께서 주시는 놀라운 복(Blessing)의 장소이다. 매일 만나는 만남 이상의 축복사역의 현장이므로 우리 가정의 식탁을 적극적으로 활용해보자.

제4장
사용해야 할 말과 사용하지 말아야 할 말

필자는 우리가 내뱉는 말은 질량불변의 법칙을 따른다고 생각한다. 한 번 내뱉은 말은 결코 사라지는 법이 없이 우리가 사는 삶의 공간을 채우며, 이런 저런 방식으로 우리에게 영향을 미치고 있다는 뜻이다. 비록 형체는 없지만, 말은 살아 있다! 살아서 힘(power)을 행사하고 있다! 사람은 죽지만 말은 결코 죽지 않는다!

그러나 우리가 사는 삶의 공간에는 긍정적인 말, 축복의 말보다는 부정적인 말, 악담과 저주의 말이 훨씬 더 많다. 그래서 우리의 삶의 공간은 우리에게 긍정적인 영향보다는 악영향을 더 끼치고 있다는 것은 부인할 수 없는 사실이다. 어쩌면 이런 현상은 사탄이 기뻐하는 일일지도 모른다. 거짓말의 아비 사탄 마귀는 지금도 우리의 혀를 자신의 전략적인 도구로 사용하고 있다. 사탄이 온 목적은 죽이고 빼앗는 것이 아닌가?(요 10:10). 살인자요 강탈자인 사탄 마귀는 우리가 하나님께서 주시는 복을 누리며 행복하게 사는 모습을 눈 뜨고 볼 수 있겠는가? 사탄은 어떻게 해서든지 우리의 행복을 파괴하여 우리를 불행의 늪에 빠뜨리려고 한다.

> 성읍은 정직한 자의 축복으로 인하여 진흥하고 악한 자의 입으로 말미암아 무너지느니라 (잠 11:11)

한 개인과 가정, 믿음의 공동체와 사회와 국가 모두가 악한 입에서 나오는 악한 말 때문에 붕괴되므로, 사탄 마귀는 입술의 말을 자신의 최강 무기로 삼으려고 온갖 힘을 기울이지 않겠는가? 이 사실을 바로 알고 우리는 예수 그리스도의 이름과 보혈의 권세로 모든 저주의 결박을 끊은 다음 우리의 혀를 예수 그리스도의 도구로 내드려야 할 것이다.

혀는 우리의 한 지체이지만, 모든 지체 중에서 가장 큰 영향력을 행사하는 중요한 지체이기 때문이다(롬 6:19). 우리는 혀를 빼놓은 상태에서 하나님께 헌신하는 경우가 허다하다. 그런데 혀를 빼놓은 온 몸의 지체들의 제물은 하나님께 온전한 제물이 아니다.

시편 기자는 기도한다:

나의 반석이시요 나의 구속자이신 여호와여 내 입의 말과
마음의 묵상이 주님 앞에 열납되기를 원하나이다 (시 19:14)
여호와여 내 입에 파수꾼을 세우시고 내 입술의 문을 지
키소서 (시 141:3)

우리는 흔히 말을 사람들에게 하는 대화의 수단이라고 생
각하지만, 시편 기자는 대화의 수단 이상으로 하나님께 드
릴 제사(祭祀 Sacrifice)로 인식하고 있다. 만일 우리가 시편
기자와 같은 차원의 믿음을 갖는다면 이후로 모든 삶의 장
(場)을 하나님께 예배드리는 장소로, 그리고 모든 사람들과
하는 대화의 내용을 하나님께 드리는 제물로 삼을 수 있을
것이다(롬 12:1-2).

말은 하나님께 드릴 제물일 뿐만 아니라 동시에 우리 인
생에 복과 화를 불러들이는 씨앗이기도 하다. 말은 삶보다
더 엄숙한 결단이다. 그러므로 복(福)의 씨앗과 화(禍)의 씨
앗 모두가 될 수 있는 '말'이 인생이란 밭에 떨어지기 전에
우리는 그것을 조심스레 살펴보아야 할 것이다.

「탈무드(Talmud)」에 나오는 이야기다. 한 왕이 총애하는 두 신하를 불러 각자 세상에 나가서 이 세상에서 가장 훌륭한 것과 가장 나쁜 것을 구해오도록 명령했다. 이윽고 두 신하는 그 임무를 마치고 궁궐에 당도했다. 한 신하는 혀를 구해왔고, 다른 한 신하 역시 혀를 구해 왔다. 왕이 그 까닭을 물었다. 처음 신하는 "폐하, 이 세상에서 가장 훌륭한 것은 혀입니다. 잘만 사용하면…" 그 다음 신하는 "폐하, 이 세상에서 가장 악한 것은 혀입니다. 이것으로 세상 모든 사람을 죽일 수 있습니다."라고 대답했다고 한다.

그러므로 일언삼사(一言三思: 한 마디 말을 하기 전에 세 번 생각하라)라는 말이 있듯이 적어도 말이 입 밖으로 나가기 전에 통과해야 할 몇 개의 문(門)이 있다.

첫째 문: 그것이 참 말(true word)인가?

둘째 문: 그것이 꼭 필요적절한 말(needy word)인가?

셋째 문: 그것이 친절한 말(kind word)인가?

넷째 문: 그것이 남에게 도움을 주는 말(helping word)인가?

다섯째 문: 그것이 진정으로 칭찬과 격려하는 축복의 말(blessing word)인가?

말의 생명력과 가치는 진실에 있고, 말의 역동성
(dynamics)은 알맞은 상황에 있으며, 말의 아름다움과 향기
는 친절함에 있다. 그리고 말의 목적은 사람들의 영혼을 살
리고(alive), 힘을 주고(enforcement), 부요하게 하는
(enrichment) 축복에 있다. 이 문(門)들을 잘 간수한다면, 인
생의 밭에 떨어지는 말의 씨앗은 아름다운 인생을 꽃피우게
할 복의 씨앗이 될 것이다.

그러면 이제 다른 방식의 축복사역에 관해 논하기 전, 우
선 우리가 사용해야 할 말을 성경말씀과 실례들과 연관시켜
생각하자.

1. 사용해야 하는 말

축복하는 말:

"축복하다(to bless)" 는 말은 라틴어 *bebedicere*에서 왔는
데, 이는 *bene*(선한 말을 하는 것)와 *dicto*(다른 사람의 좋은
면을 말하는 것)의 합성어다.

축복의 말은 그 말을 듣는 상대가 사랑받고 있음을 확신시켜 주며, 상대의 가치를 높여주며, 나아가서 그 축복 안에 담겨진 내용을 현실로 나타나게 한다(잠 11:11). 그래서 하나님은 우리 모두가 항상 축복의 말을 하기를 원하신다.

칭송과 찬사의 말:

- 내 아들의 향취는 여호와께서 복 주신 밭의 향취로다 (창 27:27)
- 이는 내 뼈 중의 뼈요 살 중의 살이라 (창 2:23)
- "당신은 너무 아름다워요!"(You are so beautiful. 시 139)
- "당신은 너무 핸섬해요!"(You are very handsome. 시 139) 등의 말

앞에서 우리는 칭송 혹은 찬사(urogeo)가 하나님께 드리는 송축(eulogy)과 같은 뜻으로 사용된다는 사실을 살펴보았다. 칭송 혹은 찬사는 상대방에게 가치를 부여해 주고, 상대를 강화(enforcement)한다.

칭찬하는 말:

- "당신은(넌) 남다른 사람이야!" (You are a different person)
- "당신은(넌) 능력 있는 사람이야!" (You are an able person)
- "당신은(넌) 훌륭한 점을 많이 갖고 있어!" (You have special merits) 등의 말

칭찬은 칭송하는 말이나 찬사와 같이, 상대를 강화 (enforcement)하고 세운다(building up). 한 실례를 들자면, 극도의 콤플렉스에 빠진 한 학생이 있었다. 9살 때 그에게 있었던 사건 때문이었다. 우물가를 지나던 소년은 물 긷는 여인들로부터 충격적인 말을 들었다: "저 애는 참 못 생겼다. 얼굴은 홀쭉하고 눈은 왜 저리도 움푹할까?" 소년은 그 날부터 콤플렉스에 빠졌다. 동네 아낙들이 무심코 한 말은 그 소년의 가슴 깊이 상처로 자리 잡았다. 그 소년은 스물네 살 때 미국 프린스턴 대학(Princeton University)에 유학을 갔다. 그러나 6년이 지나도록 박사 학위를 받지 못했다. 그런데 한 금발의 아름다운 여성의 칭찬의 말에 힘을 얻게 되

었다. "당신처럼 잘 생긴 동양인은 처음이예요." 자신감을 회복한 그는 열심히 공부하여 박사학위를 받았다. 그가 문동환 박사다.

격려하고 위로하는 말:

- 우리가 너희 각 사람에게 아버지가 자기 자녀에게 하듯 권면하고 위로하고 경계하노니 (살전 2:11)
- "당신은(넌) 할 수 있어!" (You can do it) 등의 말

많은 말들 가운데 "당신은(넌) 할 수 있어"(You can do it)라는 말처럼 힘 있는 말(powerful word)은 없다. 역사의 수레바퀴를 돌린 위인들은 한결같이 이 말을 듣거나 이 말을 한 사람들이었다. 눈 덮인 험준한 알프스를 넘은 나폴레옹 역시 "내 사전에는 불가능이란 말이 없다."라고 말하지 않았는가? 그와 비슷한 케이스가 있다.

프래그 크래독(Fred Cradok) 목사가 한 레스토랑에서 식사를 하고 있는 중이었다. 한 소년이 다가와 그에게 인사했는데, 그는 산 너머 마을 출신이었다. 그 소년은 미혼모의

아들이었기에 어머니를 향한 비난을 들으며 성장했다. 그는 자연히 학교에서 외톨이가 되었다. 그때까지 시장(市長)은, "저 아이의 아버지가 도대체 누구지?" 하고 은근히 비난의 화살을 쏘아대었던 것이다. 그 소년이 12살 때 크래독 목사가 그 교회에 부임한 것이었다. 그 소년의 내력을 파악한 후에 설교를 마치고 그 소년을 향해 이렇게 말했다. "얘야, 넌 누구니? 네 아버님이 어느 분이시지? 잠깐만, 너 얼굴을 보니 너를 닮은 아버지가 누구인지 알겠다. 네 아버지는 하나님이시지?" 그는 결국 그 격려의 말 때문에 테네시 주 지사가 되었는데 주지사를 두 번이나 연임했다.

선한 말:

- 악한 꾀는 여호와께서 미워하시나 선한 말은 정결하니라 (잠 15:26)
- 선한 말은 꿀송이 같아서 마음에 달고 뼈에 양약이 되느니라 (잠 16:24)

선한 말은 선한 마음에서 나온다(마 12:35). 그러므로 먼저 마음의 선을 위해 힘써야 할 것이다. 그리고 선한 마음을

위한 메트릭스(matrix)는 침묵(silence)과 묵상(meditation)
이다.

덕을 세우는 말:

- 무릇 더러운 말은 너희 입 밖에도 내지 말고 오직 덕을
  세우는 데 소용되는 대로 선한 말을 하여 듣는 자들에
  게 은혜를 끼치게 하라 (엡 4:29)
- 마음의 정결을 사모하는 자의 입술에는 덕이 있으므로
  (잠 22:11)
- "우리 집은 스윗트 홈이야!" (Our home is a sweet
  home)
- "우리 교회는 아름답고 신령한 교회야." (Our church is
  a beautiful and spiritual one) 등의 말

덕(edification)은 주로 개인과 공동체를 세우는 것
(building up)과 관련이 있다. 개인이나 공동체가 그 어떤
상황에 처해 있더라도 절대 부정적인 말을 삼갈 필요가 있
다. 예를 들어, 하나님이 주시기로 하신 가나안 땅을 탐지하
러 보낸 열두 명의 정탐꾼들 중에 여호수아와 갈렙 두 사람

을 제외한 모든 정탐꾼들은 약속의 땅을 악평하여 백성들의
마음을 약화시켰다. 공동체를 세우는 대신 무너뜨린 것이다
(민 13:32, 33).

부드러운 말:

- 유순한 대답은 분노를 쉬게 하여도 과격한 말은 노를
  격동하느니라 (잠 15:1)
- 부드러운 혀는 뼈를 꺾느니라 (잠 25:15)

가시와 독이 서린 말은 마음에서 나오는 것인즉, 먼저 마
음의 정결함을 받아야 할 것이다. 주로 가시와 독은 내면의
상처(trauma)와 콤플렉스(complex), 그리고 그림자
(shadow)로 말미암는 것이니만큼, 주 예수 그리스도의 보
혈의 능력과 성령의 능력으로 죄사함과 치유를 받아야 할
것이다. "제 눈에 있는 들보를 깨닫지 못하고 형제자매 눈
속의 티만 보는 자들"은 실상 자신의 그림자를 투사
(projection)하고 있는 것이다. 상대방 눈 속의 티가 바로 자
신의 것임을 깨닫고 투사를 철회할 때 인격적인 성숙이 가
능한 것이다.

참되고 진실한 말:

- 그는 정직한 자를 위하여 완전한 지혜를 예비하시며
  (잠 2:7)
- 대저 정직한 자는 땅에 거하며 완전한 자는 땅에 남아
  있으리라 (잠 2:21)
- 내 입은 진리를 말하며 내 입술은 악을 미워하느니라
  (잠 8:7)
- 너희는 너희 아비 마귀에게서 났으니 너희 아비의 욕심
  대로 너희도 행하고자 하느니라 그는 처음부터 살인한
  자요 진리가 그 속에 없으므로 진리에 서지 못하고 거
  짓을 말할 때마다 제 것으로 말하나니 이는 그가 거짓
  말쟁이요 거짓의 아비가 되었음이라 (요 8:44)

거짓말의 뿌리는 탐심 혹은 탐욕(greed)이다. 사탄 마귀
는 하나님의 영광을 가로채려는 탐욕 때문에 망하게 되었다
(사 14:12-15). 그러므로 우리는 날마다 매 시간마다 기도해
야 할 것이다: "내 마음을 주의 증거들에게 향하게 하시고
탐욕으로 향하지 말게 하소서" (시 119:36).

감사하는 말:

- 누추함과 어리석은 말이나 희롱의 말이 마땅치 아니하니 오히려 감사하는 말을 하라 (엡 5:4)
- 범사에 감사하라 이것이 그리스도 예수 안에서 너희를 향하신 하나님의 뜻이니라 (살전 5:18)
- "감사해요"(Thank You) 등의 말

추수감사절(Thanksgiving Day)을 지킨 청교도, 그리고 청교도 정신 혹은 청교도 믿음(Puritanism) 위에 세워진 미국은 우리가 아는 바와 같이 "감사합니다"(Thank you)라는 말을 일상생활에서 가장 많이 사용하는 나라다. 개인과 가정이 복되고 믿음의 공동체와 사회가 복 될 수 있는 길은 감사 정신과 감사하는 말에 달려 있다.

친절한 말:

- "무엇을 도와 드릴까요?"(May I help you?)
- "어디 불편한 점은 없으세요?"(Anything bothering you?)

- **"어서 오세요. 환영합니다!"(Welcome) 등의 말**

필자가 미국에 유학 간 지 세 달쯤 되어서 필자가 살고 있는 마을에서 멀지 않은 곳에 있는 옥톤 커뮤니티 칼리지(Okton Community College)에 볼일 보러 간 일이 있었다. 캠퍼스가 하도 크고 넓은 데다 처음인지라 사무실 찾기가 매우 어려웠다. 그때 한 학생에게 사무실을 물어보자 이 학생이 무려 25분이나 걸어서 필자를 사무실 문 앞까지 데려다 주는 것이 아닌가? 필자가 "대단히 고맙다"(Thanks a lot)고 하니까 "아닙니다. 좋은 날 되세요!"(You're welcome, You have a nice day) 하고 유유히 사라졌다.

필자가 귀국할 때 책과 그동안 미국에서 사용하던 낡은 오디오를 부쳤다. 찾기로 한 날 오전 9시 정각에 서울 세관에 도착하여 서류를 제출하고 기다렸다. 한 15명쯤 되는 직원들이 테이블에 빙 둘러 앉아 사무 처리를 하기 시작했다. 방송(announcement)도 없이 밥 먹으러 나가고 들어와서는 담배 피우며 잡담하는데, 필자가 제출한 서류는 거들떠보지도 않았다. 눈치를 보니 커미션을 받고 여행사를 끼고 제출한 사람들의 것을 먼저 처리해 주는 모양이었다. 필자는 오후 5시까지 열릴 듯 말 듯한 뚜껑(?)을 누르며 의자에 앉아 있었다. 막 퇴근하려는 마지막 남은 직원에게 항의하니까 그제야 마지못해 하는 척 하면서 서류에 도장을 찍고 컨테이너 번호를 알려주었다. 용달차를 부르고 컨테이너 박스를 연 다음 보내 온 물건을 싣고 달리니, 밖은 이미 어두컴컴해졌었다. 필자는 "No hope, Korea!"를 연발하며 경인국도를 달려 돌아왔다.

좀 미안한 이야기이지만 우리나라는 될 수 있는 것도 안 되게 하는 나라인 데 비해 미국은 "안 되는 것도 되게 하는 나라다"라는 것이 수많은 경험을 토대로 하여 필자가 내린 결론이었다. 이제는 많이 달라졌겠지만 미국이 부러워지는 까닭이 거기 있다.

사랑의 말:

"사랑합니다"(I love you)라는 말은 천국언어다. 죽은 후에 하늘나라에 가서 천국 문 앞에 서면, 하나님은 그분이 제정하신 천국언어("사랑합니다")를 아느냐고 질문하실 것이다.

의로운 말:

- 의인의 입술은 여러 사람을 교육하나 (잠 10:21)
- 의인의 입은 생명의 샘이라도 악인의 입은 독을 머금었느니라 (잠 10:11)
- 의인의 혀는 순은과 같거니와 (잠 10:20)

필자가 유학을 마치고 1994년 7월 14일 귀국한 지 며칠 안 되어 2호선 지하철을 타게 되었다. 마침 우리나라에서 소위 일류대학에 다니는 두 명의 남자 학생들이 손잡이(hanger)를 붙들고 서 있는 필자 앞에 앉아서 대화를 나누고 있었다. 대화 내용으로 보아서 그들은 자기들이 다니는 대학의 어느 교수에 대해 이야기하고 있었다. 그런데 필자는 충격을 받아 거의 실신할 뻔 했다. 그들의 입에서 나온 말은 "K 교수 그 10쌔끼가 어쩌구 저쩌구…" 아무리 우리가 탈권위시대(脫權威時代)에 산다 하더라도 이건 너무했다. 필자는 그 자리에 있는 것이 부끄러워 피했다. 그리고 우리나라의 장래가 매우 걱정스러웠다. 듣는 이들의 마음을 순화시켜주고 교육할 수 있는 의로운 말이 믿음의 공동체나 그 어디에서도 절실히 필요하다.

지혜롭고 명철한 말:

- 명철한 사람의 입의 말은 깊은 물과 같고 지혜의 샘은 솟구쳐 흐르는 내와 같으니라 (잠 18:4)
- 세상에 금도 있고 진주도 많거니와 지혜로운 입술이 더욱 귀한 보배니라 (잠 20:15)

고려말에 무학대사가 이성계를 찾아갔다. 이성계가 무학대사를 보니 장난끼가 발동하여 그를 보자마자, "자네는 돼지상이여" 하고 말했다. 그러니까 무학대사는 이성계에게 "부처님 상입니다" 하고 답하는 것이었다. 이성계가 "내가 자네에게 돼지 같다고 했는데 자네는 어찌 나에게 부처 같다고 하느냐"고 하니, 무학대사는 "누구나 자기 얼굴 생긴 대로 남의 얼굴을 봅니다"라고 말했다는 일화가 있다.

은혜로운 말:

- 너희 말을 항상 은혜 가운데서 소금으로 고르게 함같이 하라 (골 4:6)

1960~70년대에 우리나라에서는 "빌어먹을 X!" "새(혀)가 만 발로 빠져 죽을 X!" "애비 없는 후레자식!" 같은 말들이 사회와 심지어 가정 안에서도 성행했었다. 그런데도 국민소 득 2만불 시대에 들어선 것은 참으로 기적이자 하나님의 은 혜이지만, 아직도 대가 지불 기한이 남아있지 않았나 하는 것이 필자의 생각이다. 말은 결코 죽지 않기 때문이다.

경우에 합당한 말:

- 경우에 합당한 말은 아로새긴 은 쟁반에 금 사과니라 (잠 25:11)

춘추전국 시대 위나라 문후에게 충언한 책황과 임좌의 변 (辯)이다.

어느 날 신하들을 불러 한 사람 한 사람에게 "나를 어떤 임금으로 생각하는가?" 하고 물었다. 신하들 모두가 판에 박은 듯 "임금님은 참으로 어진 임금이십니다."라고 대답했 다. 책황의 차례가 되었다: "임금께서는 어진 임금이 아니십 니다. 언젠가 중산국을 토벌하신 후 그곳에는 제군을 봉하 심이 마땅하신데 황태자를 영주로 삼으셨습니다. 그런 도리에 어긋난 일을 하셨으니 어진 임금이라 할 수 없습니다.”
책황의 이 말에 문후는 노발대발 그를 내쫓았다. 그 다음에
임좌의 순서가 되었다. “임금님은 어진 임금이십니다.” “왜
그렇게 생각하느냐?” “자고로 어진 임금이어야 직언을 하는
신하가 난다는 말이 있습니다. 책황의 말은 확실히 직언이
라 생각합니다.” 이에 문후는 깨달았다. “거 참 옳은 말이로
고.” 임좌의 이 한 마디 말에 문후의 노는 풀어졌고, 쫓겨난
책황은 복직되었다.

듣기에 좋은 말:

　낸시 오스틴(Nancy Austin)의 비즈니스 성공 비결은 고
객이 듣기 좋은 언어를 고안하여 사용한 데 있었다. 뚱뚱한
여자 옷은 퀸 사이즈(Queen size), 16-20세 사이의 아가씨들
을 위해서는 퍼티트(petite. 꼬마형), 22-26세의 연령의 아가
씨들은 코우케트(coquette. 요염형),　그리고 27-33세 사이
의 아가씨들을 위해서는 메이드 모이젤레(made moiselle.
아가씨형)로 호칭하여 비즈니스에 성공했다고 한다.

삶의 공간과 분위기를 아름답게 하고 힘 있게 창조하는 유머:

건전한 유머는 모든 관계를 증진시키고 삶의 활력소가 된다. 하버드대학 출신들과 워싱턴 슬럼가 출신들 가운데 소위 사회적으로 성공한 사람들의 공통 요소 가운데 네 번째 요소가 유머였다(첫 번째 요소는 섬김, 곧 이타적 태도. 둘째는 만족지연 능력. 셋째는 미래지향적 태도였다)

부부관계를 증진시키는 말들:

- "당신이 자랑스러워요." (아내가 남편에게)
- "당신의 수고가 늘 고맙소." (남편이 아내에게)
- "당신이 한 말은 정말 나에게 상처가 돼요."
- "난 상처를 받았어요. 더 이상 받고 싶지 않아요."
- "당신이 내 입장을 좀 이해해 주길 바래요."
- "난 이보다 더 나은 관계를 가질 수 있다고 생각해요."
- "당신이 변하기를 원해요. 나 역시 기꺼이 고치겠어요."
- "당신은 이 세상에서 가장 멋진 남편이에요."
- "당신은 이 세상에서 가장 아름다운 아내예요."
- "당신만을 사랑해요."

- "당신의 음식 솜씨는 일품이에요."
- "당신은 능력 있는 사람이에요."
- "당신은 언제나 나를 행복하게 해요." 등

가정을 풍요롭고 복되게 하는 말들:

- "우리 집 주인은 주님이시다." (Jesus Christ is the Lord)
- "감사해요." (Thank you)
- "미안해요." (I' m sorry)
- "부족하니 도와주세요." (help me, please)
- "더 노력할께요." (I will try from now on)
- "우리 집은 잘 되는 집안이야." (Every things go well)
- "네가(당신이) 자랑스러워(요)." (I' m proud of you) 등

심리학자들의 견해에 의하면, 보통 사람들이 사용하는 부정적인 말은 약 18,000 가지에 달하지만 긍정적인 말은 얼마 안 된다고 하는데, 우리가 찾아내지 않아서이지 찾아낸다면 상당히 많을 것이다. 앞으로 우리가 할 일은 긍정적이며 축복하는 말을 찾아내고 창조하는 것이다.

이제 복을 가로막는 사용하지 말아야 할 말들에 대해 생
각하자.

2. 사용하지 말아야 할 말

우리 속담에 "말이 씨앗이 된다"는 말이 있다.

서성만(경희대 교수)의 「말과 운명」에 나오는 내용이다
(해당 인물의 이름은 그분들의 명예를 위해 밝히지 않기로
하고 단지 교육적인 차원에서 인용하기로 한다). 그의 논지
는 심지어 유행가 제목과 가사까지도 부른 사람의 운명에
영향을 미친다는 것이다.

예를 들어, '낙엽 따라 가버린 사랑'을 부른 C씨는 쓸쓸
한 가을에 낙엽 따라 갔고, '산장의 여인'을 부른 K씨는 암
투병하며 쓸쓸히 갔고, '타향살이' 작곡자는 타향인 일본에
서 고향 땅을 바라보며 최후의 순간을 맞이했고, '간다'를
부른 K씨는 갔고, '이별'을 부른 P씨는 작곡자 겸 클라리넷
연주자 K씨와 이혼했으며, 반면에 '쨍하고 해 뜰 날'을 부
른 S씨는 지금도 쨍하고 인기 중이라는 것이다.

논밭을 망가뜨리는 잡초 같은 다음의 말들은 하나님께 복을 받아야 할 인생의 밭을 형편없이 망가뜨리는 우리가 사용하지 말아야 할 말들이다. 그 말들을 우리에게 복 주시기를 원하시는 하나님의 말씀과 뜻에 비추어 보자.

참소: 이웃과 벗에 대한 고의적, 파괴적인 말

- 자기의 이웃을 은근히 헐뜯는 자를 내가 멸할 것이요 (시 101:5)
- 북풍이 비를 일으킴 같이 참소하는 혀는 사람의 얼굴에 분을 일으키느니라 (잠 25:23)

속임: 자기이득을 목적으로 하여 사실이 아닌 것을 말함

- 악인은 입으로 그의 이웃을 망하게 하여도 의인은 그의 지식으로 말미암아 구원을 얻느니라 (잠 11:9)
- 악을 행하는 자는 사악한 입술이 하는 말을 잘 듣고 거짓말을 하는 자는 악한 혀가 하는 말에 귀를 기울이느니라 (잠 17:4)
- 지나친 말을 하는 것도 미련한 자에게 합당하지 아니하

거든 하물며 거짓말을 하는 것이 존귀한 자에게 합당하
겠느냐 (잠 17:7)

- 거짓 증인은 벌을 면하지 못할 것이요 거짓말을 뱉는
자는 망할 것이니라 (잠 19:9)
- 미련한 자가 사치하는 것이 적당하지 못하거든 하물며
종이 방백을 다스림이랴 (잠 19:10)

**궤사: 거짓을 믿게 하려고 다른 사람을 의도적으로 인도,
혼란시킴**

- 생명을 사모하고 연수를 사랑하여 복 받기를 원하는 사
람이 누구뇨 네 혀를 악에서 금하며 네 입술을 거짓말
에서 금할지어다 (시 34:12-13)
- 진리를 말하는 자는 의를 나타내어도 거짓 증인은 속이
는 말을 하느니라 (잠 12:17)
- 진실한 입술은 영원히 보존되거니와 거짓 혀는 잠시 동
안만 있을 뿐이니라 (잠 12:19)
- 거짓 입술은 여호와께 미움을 받아도 진실하게 행하는
자는 그의 기뻐하심을 받느니라 (잠 12:22)
- 의인은 거짓말을 미워하나 악인은 행위가 흉악하여 부

끄러운 데에 이르느니라 (잠 13:5)

궤휼: 남을 이롭게 한다는 미명하에 감쪽같이 속임

- 여호와를 경외하는 것은 악을 미워하는 것이라 나는 교만과 거만과 악한 행실과 패역한 입을 미워하느니라 (잠 8:13)
- 여호와여 주의 장막에 머무를 자 누구오며 주의 성산에 사는 자 누구오니이까 정직하게 행하며 공의를 실천하며 그의 마음에 진실을 말하며 그의 혀로 남을 허물하지 아니하고 그의 이웃에게 악을 행하지 아니하며 그의 이웃을 비방하지 아니하며 (시 15:1-3)

어떤 사람이 천사의 안내로 지옥에 구경 갔다. 지옥의 한 곳에 가니 피가 주르륵 흐르는 혀가 오징어를 철사에 꿰어 말리듯 주렁주렁 수없이 매달려 있더란다. 끔찍하여 고개를 돌리는 그에게 천사 왈, "남을 속이던 혀, 비방하던 혀, 욕하고 상처 주던 혀, 남을 억울하게 한 혀, 사기 치던 혀, 교만과 불신앙의 혀, 남을 죽이던 혀, 가지각색의 혀들이다." 하더란다.

훼방 혹은 비방:

- 이제는 너희가 이 모든 것을 벗어 버리라 곧 분함과 노여움과 악의와 비방과 너희 입의 부끄러운 말이라 (골 3:8)

훼방 혹은 비방은 주로 상대방의 가치를 떨어뜨림으로써 말하는 자신을 높이는 하나의 전략(strategy)이다. 이 전략의 밑바닥에는 콤플렉스와 불안이 깔려 있다. 이런 사람들의 삶의 무대는 전투장이며 삶은 경쟁(rivalism)이기 때문에 도저히 마음의 평안을 갖지 못한다.

무시하는 말/비꼬는 말/조롱하는 말:

상대방을 비하(卑下)하는 이런 말들은 낮은 자존감에서 나오는 말들이다. 이런 말들의 배후에는 "나는 무가치한 사람이다." (I am not a valuable person)라는 메시지가 들어 있다.

불평하고 투정하는 말:

불만족과 불평은 연약한 자기 가치체계(weak self-value

system)에서 비롯된다. 자기 가치감이 강한 사람은 어떤 환경도 그리고 그 무엇도 긍정적으로 그리고 감사함으로 받아들인다.

무책임 말:

로버트 무어(Robert Moore)의 분석에 의하면, 무책임은 진정한 왕(True King)의 에너지가 아니라 그림자 왕(Shadow King)인 높은 의자 폭군(The High chair Tyrant)에게서 나오는 것이다.

부정적인 말:

부정적인 태도를 견지하고 부정적인 말을 잘 하는 사람은 진정한 전사 에너지(True Warrior Energy)를 갖지 못한 사람들에게서 흘러나오는 병리적 증상이다

핑계 대는 말:

이런 말들은 주로 도피성향을 드러낸다. 기본적으로 도피

성향을 가지면 좋은 일이든 궂은 일이든 다른 사람과의 연대(solidarity)를 거부한다. 그리고 연대 거부는 가까워짐에 대한 공포와 연결되어 있다.

남의 충고를 무가치하게 깎아내리는 말:

이런 말은 말하는 사람의 우산 콤플렉스(umbrella complex)를 드러낸다. 이 콤플렉스를 가진 사람은 아예 남의 충고를 듣지 않고 자신을 방어하려 한다.

무사안일한 말: 변화에 대한 거부
타협하는 말: 자기 이득을 목표로 하는 에고이즘(egoism)
이간하는 말: 강탈 심리 혹은 강탈 신드롬(usurpation syndrome)

- 여호와께서 미워하시는 것 곧 그 마음에 싫어하시는 것이 예닐곱 가지니…거짓을 말하는 망령된 증인과 및 형제 사이를 이간하는 자이니라 (잠 6:19)
- 허물을 덮어 주는 자는 사랑을 구하는 자요 그것을 거듭 말하는 자는 친한 벗을 이간하는 자니라 (잠 17:9)

이간은 강탈 심리 혹은 강탈 신드롬(usurpation syndrome)의 한 현상이다. 다른 사람들의 관계를 파괴시킨 나머지 관계 파괴자 중에서 어느 한 쪽을 자신에게 쏠리게 하거나 자신과 관계를 맺게 하려는 욕망 때문에 한다.

아첨하는 말:

- 주의 길을 내 목전에 곧게 하소서 그들의 입에 신실함이 없고 그들의 심중이 심히 악하며 그들의 목구멍은 열린 무덤 같고 그들의 혀로는 아첨하나이다 (시 5:8-9)
- 그러나 그들이 입으로 그에게 아첨하며 자기 혀로 그에게 거짓을 말하였으니 (시 78:36)

아첨(flattering)은 남을 이용(exploitation)하고 조종 (manipulation)하여 자신의 삶의 영역과 자원을 확장하려는 고도의 기만전술(deceit strategy)이다.

분노를 담은 불같은 말(과격한 말):

- 불량한 자는 악을 꾀하나니 그 입술에는 맹렬한 불 같

은 것이 있느니라 (잠 16:27)

- 유순한 대답은 분노를 쉽게 하여도 과격한 말은 노를 격동하느니라 (잠 15:1)

분노 안에는 자신의 무가치한 감정이 도사리고 있다. 과격한 말 속에는 "나는 무가치한 사람입니다."(I am not a valuable person)라는 메시지가 들어있다.

비방하고 판단하는 말:

- 그러므로 남을 판단하는 사람아, 누구를 막론하고 네가 핑계하지 못할 것은 남을 판단하는 것으로 네가 너를 정죄함이니 판단하는 네가 같은 일을 행함이니라 (롬 2:1)
- 형제들아 서로 비방하지 말라 형제를 비방하는 자나 형제를 판단하는 자는 곧 율법을 비방하고 율법을 판단하는 것이라 네가 만일 율법을 판단하면 율법의 준행자가 아니요 재판관이로다 (약 4:11)

「탈무드」는 세상에서 너무 많이 사용해서는 안 될 것 3가지를 빵의 이스트, 음식의 소금, 그리고 말 속에 판단하는 것들이라고 했다.

우리는 남을 판단하는 일을 우리 자신이 어김없이 행함을 발견한다. 판단은 하나님의 주권을 강탈하는 행위이다.

미루는 말: 나태와 게으름
상대의 허물과 단점을 드러내는 말:

- 두루 다니며 한담하는 자는 남의 비밀을 누설하나 마음이 신실한 자는 그런 것을 숨기느니라 (잠 11:13)
- 두루 다니며 한담하는 자는 남의 비밀을 누설하나니 입술을 벌린 자를 사귀지 말지니라 (잠 20:19)
- 가나안의 아버지 함이 그의 아버지의 하체를 보고 밖으로 나가서 그의 두 형제에게 알리매 (창 9:22)

가십(gossip)은 남의 파괴와 몰락을 목표로 한다. 이는 사탄적 지혜(Satanic wisdom)이다(요 8:44, 10:10, 약 3:14-16). 스펄전 목사는 "남을 해롭게 하기 위해서 돌아다니는 자의 입에 마귀가 있고 그 말을 들어주는 자의 귀에도 마귀가 있다."고 했다.

누추하고 더러운 말(멸시하는 말):

- 미련한 자의 입은 그의 멸망이 되고 그의 입술은 그의
  영혼의 그물이 되느니라 (잠 18:7)
- 형제에게 노하는 자마다 심판을 받게 되고 형제를 대하
  여 라가라 하는 자는 공회에 잡혀가게 되고 미련한 놈
  이라 하는 자는 지옥 불에 들어가게 되리라 (마 5:22)
- 모세가 그의 입술로 망령되이 말하였음이로다
  (시 106:33. 참조: 민 20:10 '패역한 너희여 들으라')

"바보, 병신, 쪼다, 얼간이, 덜 된 놈(년), 미달이, 돌대가
리, 밥통" 등, 성경은 누추하고 더러운 말을 사용하지 말라
고 권고한다(엡 4:29).

독일 괴테의 집은 그와 대화 나누기를 원하는 사람들로
언제나 북적 거렸다. 찾아오는 사람들은 각계각층의 다양한
사람들이었다. 그런데 그들 중에는 남의 험담이나 음담패설
로 대화의 대부분을 보내는 사람들이 있었다. 괴테는 그들
이 갈 때 다음과 같이 정중히 타일렀다고 한다: "휴지나 부
스러기를 우리 집에 흘리는 것은 괜찮습니다만 더러운 말을

흘리는 것만은 용납할 수가 없습니다. 그런 말들은 모두 주워가십시오. 그리고 다시는 저희 집에 가지고 오지 마십시오. 이런 말들은 사람과 행복을 더럽히는 것입니다."

패역무도한 말:

- 의인의 입은 지혜를 내어도 패역한 혀는 베임을 당할 것이니라 (잠 10:31)
- 온순한 혀는 곧 생명 나무이지만 패역한 혀는 마음을 상하게 하느니라 (잠 15:4)

음담패설:

- 음행과 온갖 더러운 것과 탐욕은 너희 중에서 그 이름조차도 부르지 말라 이는 성도에게 마땅한 바니라 (엡 5:3)

근거 없이 퍼뜨리는 소문:

- 두루 다니며 남의 비밀을 말하는 자를 사귀지 말라 (잠 20:19)

바벨론 「탈무드」에 나오는 이야기다. 어느 날, 이 세상 모든 동물이 함께 뱀을 찾아갔다. "사자는 그의 먹이를 쫓다가 잡아먹고, 늑대는 다른 동물들을 찢어 죽인 후 잡아먹는다. 그러나 너는 사람에게 독을 주어 죽이는데 거기서 무슨 즐거움을 찾으려는 게냐?" 하고 물으니, 뱀이 대꾸했다: "그렇다면 사람은 다른 사람에게 모욕을 주고, 어느 때는 죽이기까지 하는 악한 소문을 퍼뜨리는 데서 무슨 즐거움을 찾겠다는 건가?"

욕지기를 포함한 모든 부정적인 말들:

- 의인의 머리에는 복이 임하나 악인의 입은 독을 머금었느니라 (잠 10:6)
- 의인의 입은 생명의 샘이라도 악인의 입은 독을 머금었느니라 (잠 10:11)
- 그들의 말은 악성 종양이 퍼져나감과 같은데 그 중에 후메내오와 빌레도가 있느니라 (딤후 2:17)

러시아의 장수학자 구리아닌(Gurianin)은 '나의 지껄임이 나를 죽인다' 라는 글에서, 말을 적게 하는 사람이 장수한다고 한다. 어린아이는 2~3,000개 단어로 자신을 표현하는데, 주로 자신만을 위해 사용하며 남을 위해서는 악한 말과 욕부터 배운다고 한다.

우리나라 사람들이 써 내려 온 욕들은 대략 아래와 같다. 이런 욕들을 크리스천은 절대로 사용해서는 안 된다:

제미릴 놈, 시러배 아들놈, 제밀할 년, 베라먹을 년, 쥐일 년(놈), 미련헌 년(놈), 요기롭고 고이한 년, 체신머리 없는 년(놈), 인정머리 없는 년(놈), 비루먹을 놈(년), 버럭질 할 놈, 염병할 놈(년), 쓸개없는 놈(년), 쓸개빠진 놈, 간을 내어 씹어도 시원찮을 놈, 등치고 간 내어 먹는 놈, 니기미, 지미(제미)붙을 놈, 씹새끼, 좆같은 새끼, 좆만한 새끼, 칠뜨기 같은 놈, 후레아들 놈, 종간나 새끼(함경도: 종년의 새끼), 촌놈(년), 쌍놈의 새끼, 뙤놈(중국인 비하), 처 죽일 놈, 급살 맞을 놈, 조살 할 놈, 도둑놈, 비럭지 할 놈(빌어먹을 놈), 먹통, 평생 그 짓거리나 해 먹으라, 젠장맞을 놈, 경을 칠 놈, 육실할 놈, 오살할 놈, 우라질 놈(년), 주리를 틀 놈(년), 육장낼 놈(끓인 물에 삶아 죽일 놈), 젠장 맞을(태질할) 놈(년), 경을 칠 놈, 새(혀)가 만 발로 빠져 녹을 놈(년) 등

독한 말:

비교하는 말:

이조시대 초기 '황희' 정승에 얽힌 스토리다. 모내기철에 들판을 지나고 있을 때 늙은 농부가 황소 한 마리와 검정 소 한 마리를 부려서 논을 갈고 있었다. 정승은 농부에게 "황소 와 검정 소 중에서 어느 소가 일을 더 잘하오?" 하고 물었다. 이 말을 들은 농부는 정승에게 가까이 와서 정승의 귀에다 대고 가만히 귓속말을 했다. "황소가 일을 더 잘 하오." '이 런 대수롭지 않은 일에 수선을 떨며 귓속말까지 하다니...' 하고 생각하며 "그만한 일을 가지고 귓속말을 할 것까지 뭐 가 있단 말이오?" 하고 반색하며 물으니, 농부는 "두 마리 소 가 다 같이 일을 하고 있는데 어느 소가 일을 더 잘한다고 칭 찬하면 다른 소는 기분이 어떻겠소?"라고 반문했다는 이야 기다.

완악한 말:

• 여호와가 이르노라 너희가 완악한 말로 나를 대적하고 도 이르기를 우리가 무슨 말로 주를 대적하였나이까 하 는도다 (말 3:13)

저주하는 말:

- 그들의 입술의 말은 곧 그들의 입의 죄라 그들이 말하는 저주와 거짓말로 말미암아 그들이 그 교만한 중에서 사로잡히게 하소서 (시 59:12)
- 그가 저주하기를 좋아하더니 그것이 자기에게 임하고 (시 109:17)

우리나라 사람들이 사용해 온 욕지기와도 밀접한 관계를 지닌 말들이 이에 속한다: '썩을 놈(년), 이 놈(년) 나가 돼져라, 망할 놈(년)' 등

부끄러운 말:

- 이제는 너희가 이 모든 것을 벗어 버리라 곧 분함과 노여움과 악의와 비방과 너희 입의 부끄러운 말이라 (골 3:8)

말은 그 사람의 인격이다. 열매를 보아 그 나무를 알듯이 말을 보아 그 사람의 인격을 알 수 있다. 즉 말은 인격의 시금석이다. 그러니 우리는 마음과 혀의 정결을 위해 얼마나

간절히 기도해야 하겠는가?: "하나님이여, 내 속에 정한 마음을 창조하시고 내 안에 정직한 영을 새롭게 하소서"(시 51:10)-"하나님이여, 내 혀를 깨끗케 하시고 정하게 하시옵소서."

헛된 말(무익한 말):

- 누구든지 헛된 말로 너희를 속이지 못하게 하라 (엡 5:6)
- 망령되고 헛된 말을 버리라 (딤후 2:16)
- 내가 너희에게 이르노니 사람이 무슨 무익한 말을 하든지 심판 날에 이에 대하여 심문을 받으리니 (마 12:36)
- 그들이 허탄한 자랑의 말을 토하며 그릇되게 행하는 사람들에게서 겨우 피한 자들을 음란으로써 육체의 정욕 중에서 유혹하는도다 (벧후 2:18)

어느 날, 필자의 아내가 "목사님, 만일 하나님이 우리 입에 계량기를 달아놓으셨다면 우린 말을 아낄 거예요!" 라고 했다. 이 얼마나 기막힌 통찰인가? 죽음과 심판에 대한 묵상은 경건을 지키는 길이다(마 12:36).

희롱하는 말:

- 누추함과 어리석은 말이나 희롱의 말이 마땅치 아니하
  니 오히려 감사하는 말을 하라 (엡 5:4)

분위기를 살리고 전환하는 건전한 우스갯소리(joke)가 아
닌 불건전한 농담(弄談)이다.

원망하는 말:

- 이스라엘 자손이 너희에게 대하여 원망하는 말을 내 앞
  에서 그치게 하리라 (민 17:5)
- 모든 일을 원망과 시비가 없이 하라 (빌 2:14)
- 그들 가운데 어떤 사람들이 원망하다가 멸망시키는 자
  에게 멸망하였나니 너희는 그들과 같이 원망하지 말라
  (고전 10:10)

원망(탓)은 책임전가의 한 형태이다. 인격의 성숙도는 책
임감(a sense of responsibility)이다. 책임감이 있는 사람은
좀처럼 누구를 원망하지 않는다. "내 탓이요"는 관계의 줄
(the network of relationship)을 잇는다.

교만한 말:

- 심히 교만한 말을 다시 하지 말 것이며 오만한 말을 너
  희의 입에서 내지 말지어다 여호와는 지식의 하나님이
  시라 행동을 달아 보시느니라 (삼상 2:3)
- 교만은 패망의 선봉이요 거만한 마음은 넘어짐의 앞잡
  이니라 (잠 16:18)
- 사람이 교만하면 낮아지게 되겠고 마음이 겸손하면 영
  예를 얻으리라 (잠 29:23)

라인홀드 니버는 "교만이 죄의 뿌리"라고 했다. 루시퍼의
추락과 아담 하와의 실낙원(失樂園)은 교만이 원인이었음을
잘 알고 있다.

기를 죽이고 의지를 꺾는 말:

- "사람은 비수를 손에 들지 않고서도 가시 돋힌 말 속에
  그것을 숨겨 둘 수 있다." (세익스피어)
- "검에는 두 개의 날이, 사람의 혀에는 백 개의 날이 달

- "하나님은 혀를 단속하기 위해 두 개의 자연적 울타리인 입술, 이를 주셨고 마지막 울타리인 제9계명을 주셨다."

우리가 잘 아는 "마음은 행동을 낳고, 말은 행동을 낳고, 행동은 습관을 낳고, 습관은 운명을 낳는다"는 말은 만고불변의 진리다. 위의 말들이 우리 인생에서 얼마나 파괴적인 영향을 낳는지 몇 사례를 통해 살펴보자.

뉴욕대학(New York University) 심리학 교수인 하임 히노트(Haim Hinott)는 "만일 우리가 의자를 보고 '못 생긴 의자'라고 말했다 해서 의자가 어떻게 되는 것은 아니지만, 자녀에게 내뱉은 거친 말, 예를 들어, 병신, 바보 등은 독화살같이 아이들의 심장에 꽂힌다."고 했다. 이런 말을 듣고서 한평생 받은 마음의 상처(trauma)를 씻어내지 못한 자녀들은 우울증, 열등감, 신경증에 시달리게 된다.

여기에 거명된 말들 말고도 하나님을 기쁘시게 하지 못하는 부정적이며 파괴적인 말들이 얼마든지 많다(어떤 심리학자는 18,000개 이상이 된다고 한다). 오늘 우리의 어두운 현실은 그와 같은 말들과 결코 무관하지 않다. 이제 말의 무게와 힘을 어느 정도 알게 된 우리는 우리가 친구 삼은 이 모든 말들과의 관계를 과감히 끊어야 할 것이다.

대낮에 별을 본 우유배급 탄 아이

한 초등학교 1학년 학생의 집은 늘 가난에 쪼들려 있었다. 그래서 그 아이는 학교 기성회비를 한 번도 제때 내지 못했다. 등교하면 선생님은 매일 같이 조르고, 집에 가면 엄마 아빠 눈치 보랴, 어린 아이답지 않게 눈치만 늘어갔다.

어느 날 수업 중, 학교 운동장에 털털거리는 요란한 소리를 뿜어내며 삼륜(三輪)차 한대가 들어섰다. 가난한 아이들에게 나누어줄 원조품인 우유가루를 실은 차였다. 그 당시엔 교회에서도 미국에서 온 구제품으로 여러 가지 의류를 포함한 옥수수 가루와 우유가루를 신도들에게 나누어주기도 했다.

선생님은 수업을 잠시 중단하고 15명가량 아이들의 이름을 호명한 다음 집에 가서 양푼 같은 큰 그릇을 가져오라고 했다. 그 아이도 가쁜 숨을 몰아쉬며 집에 달려가 양푼을 가져와서는 우유 배급을 받기 위해 줄을 서서 기다렸다. 선생님은 그 아이를 포함하여 배급받은 아이들을 앞에 한 줄로 세웠다. 그리고 난 다음 "이놈의 바보 같은 자식들! 가져오라는 기성회비는 안 가져오고 배급 준다니까 양푼은 잘도 가져오네!" 하면서 뺨 한 대씩을 후려갈기셨다. 아이들의 뺨에서는 밝은 대낮에 볼 수 없는 별들이 흘러 내렸다. 배급받은 아이들 옆과 뒤에 앉은 괜찮게 사는 집 아이들은 수업 시간이고 쉬는 시간이고 가리지 않고 배급 양푼에 손가락을 넣어 우유를 찍어 먹었다. 양푼 안에는 폭탄 맞은 듯 많은 웅덩이가 생겨났다. 그 아이는 다름 아닌 필자다.

이 일은 필자에게 큰 상처로 다가왔다. 그때부터 필자는 멍든 가슴을 안고 학교생활을 해야 했다. 극심한 수치감과 열등감에 시달리게 되었다. 그러던 중 다행이라 할까? 초등학교 2학년 때 담임 K 여선생님이 글씨를 잘 쓴다고 해주시는 잦은 칭찬으로 그 열등감을 다소나마 극복할 수 있었다. 그 선생님은 이따금 필자에게 앞에 나와서 자신이 쓰셔야 할 글을 칠판에 쓰도록 배려해 주셨다. 만일 그 여선생님이 안 계셨던들 필자는 계속 열등의식에 파묻혀 우울한 초등학교 시절을 보내야 했을지도 모른다.

입에서 나오는 것들은 마음에서 나오나니, 이것이야말로
사람을 더럽게 하느니라 (마 15:18).

참으로 사람을 더럽히는 것은 말이다. 나 외에도 비슷한
경험을 한 아이들이 세상에 얼마나 많았으랴!

저주받은 가룟 유다 나무에 관한 얘기다.

영국의 한 고원에 사람들이 나무를 심었는데 마침 열두
그루였다. 그래서 사람들은 그 열두 그루 나무에 예수님의
12제자의 이름을 붙여주었다. 사람들은 지나가면서 열한 그
루 나무는 축복하였고, 가룟 유다 나무에는 욕설을 하고 침
을 뱉었다. 열한 그루 나무는 튼튼하고 아름답게 자랐지만,
가룟 유다 나무는 시들어 죽고 말았다. 그래서 사람들은 그
나무를 베어버렸고 지금은 열한 그루 나무만 그 공원에 존
재한다고 한다.

집슨 박사(Dr. Gibson)와 핑크 박사(Dr. Ronald Pink)는
미국 정신과 계통의 병원을 경영하는 저명한 의사들이다.
어느 날 한 사업가가 이들을 찾아와서 자신은 아무리 애를
써도 안절부절못하고 긴장을 잘 하며 마음을 잔잔케 하려고
해도 안 된다고 말했다. 그는 건강상 아무런 문제가 없었고

도덕 윤리 면에서도 아무런 거리낄 것이 없었다. 마음의 안정을 찾을 수 있도록 도와달라는 그의 말에 두 박사는 전 직원을 불러 2시간 남짓 회의를 한 후, 그 사람의 과거 2년간의 기록을 조사했다. 그 결과 그의 긴장과 불안감은 비슷한 증상을 가진 여느 환자들처럼 '다른 사람들의 결점을 찾아내려는 태도를 갖고 남을 비판하는 자세에 있다' 는 사실이 밝혀졌다. 이는 부정적인 말을 듣는 사람뿐만 아니라 말하는 사람 자신도 부정적이고 비극적인 결과를 갖는다는 사실을 증명해 준다.

리터지스트(liturgist)로 미사를 돕던 소년이 실수를 하여 성찬용 포도주 잔을 떨어뜨렸다. 신부는 너무 화가 나서 그 소년의 뺨을 후려치면서 "어서 꺼져! 다시는 제단 앞에 올 생각을 마라!" 하고 호통 쳤다. 그 소년은 신부의 말대로 제단에서 물러갔고 다시는 하나님과 관계없는 자가 되었다. 후에 그는 유명한 공산주의 지도자가 되었다. 그가 바로 유고의 티토 대통령이다.

반면에 성찬용 포도주 잔을 떨어뜨리는 똑같은 실수를 한 다른 소년이 있었다. 그러나 그 성당의 신부는 이해와 사랑이 담긴 눈길로 그를 바라보면서 "너는 장차 좋은 신부가 되겠구나!"라고 속삭여주었다. 그 소년은 신부의 말대로 훌륭한 인물이 되었다. 그가 바로 유명한 대주교(Archy Bishop) '훌튼 경'이다.

　경기도 안성에 사는 어떤 권사의 이웃집 아줌마는 어느 날 무심코 부정적인 말을 사용하여 금쪽보다 귀한 아들을 잃고 말았다. 목장을 하는 그녀는 아침이면 매우 바빴다. 그런데 외아들 초등학생이 아침마다 '밥 달라, 양말 달라, 옷 달라, 돈 달라' 하고 조르니 짜증이 났다. 그래서 벌컥 화를 내며 "학교 가다 차에 치어 죽어라"고 했다. 그런데 그 아이는 집에서 나온 지 5분도 채 안 되어서 차에 치어 죽었다. 어머니는 아이에게 달려가서, "하도 속이 상해서 한 말인데... 차에 치어 죽은 것은 나 때문이다."라고 하며 가슴을 치며 통곡하였다 한다. 무심코 내뱉은 말 한마디가 결코 돌이킬 수 없는 비극을 초래했던 것이다.

지금 하는 말 한 마디를 최후의 말로 알고 하자

　하루를 마치 생의 마지막 날로 생각하며 사는 사람은 인생을 그저 되는 대로 아무렇게나 살지 않는다. 한 마디 말을 하더라도 그저 나오는 대로 그리고 아무렇게나 내뱉지 않는다. 만일 우리가 "지금 내가 하는 한 마디 말은 내 생의 최후의 말이다."라고 생각하면서 말한다면, 우리가 속한 가정과 믿음의 공동체와 사회는 혁신적으로 달라질 것이다.

　짜증스럽고 힘든 환경에서도 평온함과 온화함으로 주변 사람들에게 위로를 주는 한 유태인 할머니가 있었다. 그녀에게 사람들이 찾아가서 어떻게 그럴 수 있느냐고 물으니, "나도 본래는 쌀쌀맞고 매정하며 남의 잘못을 지적하는 사람이었습니다."하고 말을 계속 이었다. "독일 나치가 이스라엘을 점령했을 때 부모님은 독일군에게 끌려가서 죽임을 당했고, 당시 일곱 살이었던 동생과 나는 함께 아우슈비츠 수용소로 끌려가 감옥살이를 하는데, 하루는 남동생이 장난감 권총을 바닥에 떨어뜨리자 '이 바보 등신아, 너는 물건도 하나 제대로 잡지 못하니?' 하고 꾸지람을 했답니다. 그러자 독일군이 와서 동생을 다른 방으로 격리 수용하게 되었고, 얼마 후에 동생은 가스실에 끌려가서 죽임을 당하고 말았습니다. 동생에게 남긴 마지막 말이 평생토록 후회가 되어 이때부터 나는 누구에게 말을 하든지 이것이 최후의 말이 될지도 모른다는 생각으로 위로와 격려의 말을 하게 되었습니다"라고 말했다.

말은 삼갈수록 좋다

"개구리는 큰 입 때문에 쉽게 뱀에게 먹히고, 꿩도 잘 소리 내어 포수에게 발각되어 총에 맞는다"는 경구, 그리고 "말 많은 집은 장맛도 쓰다"는 한국 속담은 가능하면 말을 절제하라는 요청이다. 한경직 목사는 "말이 우리 입안에 들어있을 때는 우리의 종(從)이지만, 일단 입 밖으로 나오기만 하면 우리의 상전(上典)이 된다."고 했다. 그러니 우리는 말하기보다는 침묵 훈련에 힘쓰는 것이 더 낫다.

침묵 훈련은 힘들지만 할 만한 가치가 있는 훈련이다. "태초에 침묵이 있었다.", "예수 그리스도는 침묵 가운데서 나신 말씀"이라는 영성적 전통을 굳이 인용하지 않더라도 우리는 힘없음의 힘(powerless power)이 진정한 힘인 것같이 침묵이 힘 있는 말(powerful word)인 것을 알면 침묵훈련에 힘쓸 것이다.

성경은 말씀한다:

입을 지키는 자는 자기의 생명을 보전하나 입술을 크게
벌리는 자에게는 멸망이 오느니라 (잠 13:3)
모든 수고에는 이익이 있어도 입술의 말은 궁핍을 이룰
뿐이니라 (잠 14:23)
너는 하나님 앞에서 함부로 입을 열지 말며 급한 마음으
로 말을 내지 말라 하나님은 하늘에 계시고 너는 땅에
있음이니라 그런즉 마땅히 말을 적게 할 것이라 (전 5:2)

터키 남쪽의 타우러스 산맥에는 두루미들이 많이 살고 있
는데, 이 두루미들의 울음소리는 유난히 크고 시끄럽다고
한다. 특히 이 두루미들은 하늘을 날 때 큰 소리를 내는데,
이로 인해 많은 두루미들이 독수리에게 잡혀 먹힌다고 한
다. 그들이 내는 시끄러운 울음소리는 천적(天敵)인 독수리
들에게 먹이 사냥 신호탄이 되는 것이다. 그래서 경험 많은
노련한 두루미들은 날기 전에 입에 재갈을 문다고 한다:

누구든지 스스로 경건하다 생각하며 자기 혀를 재갈 물리
지 아니하고 자기 마음을 속이면 이 사람의 경건은 헛것
이라 (약 1:26)
입과 혀를 지키는 자는 자기의 영혼을 환난에서 보전하느
니라 (잠 21:23)

38년 동안 미시건대학(Michigan University) 총장을 역임한 에인젤(J. Aeingel)은 한평생 말의 절제 훈련을 한 사람이었다. 그는 공감적 청취(empathetic listening: 감정이입으로 먼저 남의 입장에 들어가 그 입장을 헤아려 듣는 행위라 할 수 있다)로 항상 남에게 먼저 말할 기회를 부여할 뿐만 아니라 남의 말을 듣는 일을 하였다. 그에게 있어서 남의 말을 듣는 것은 남을 섬기는 행위(service)였다. 그가 총장직을 마칠 즈음 "총장님은 어떻게 그렇게 오랜 기간 총장직을 계속할 수 있었습니까? 그 비결이 무엇입니까?"라는 한 기자의 질문에, 그는 "나팔보다 안테나를 높이는 데 있었습니다."라는 비유적인 말을 했다고 한다.

공감적 청취(empathetic listening)가 남을 섬기는 고귀한 행위임을 깨달음과 동시에 자신의 입에서 나가는 한 마디의 말이 사람을 죽이기고 하고 살리기도 하며, 복되게도 하고 저주스러운 삶을 살게도 할 수 있는 권세가 있음을 자각하고, 어떤 훈련보다 말을 잘 하도록 피나는 훈련을 하는 것이 앞으로의 우리의 과제이다.

우리가 사는 삶의 자리에는 긍정적인 말, 축복의 말보다는 부정적인 말, 악담과 저주의 말이 훨씬 더 많다. 말의 생명력과 가치는 진실에 있고, 말의 역동성(dynamics)은 알맞은 상황에 있으며, 말의 아름다움과 향기는 친절함에 있다. 그리고 말의 목적은 사람들의 영혼을 살리고(alive), 힘을 주고(enforcement), 부요하게 하는(enrichment) 축복에 있다.

1. 사용해야 하는 말을 하나하나 살펴보고, 자신과 가정과 목회현장에 적용해보자.

축복하는 말/ 칭송과 찬사의 말/ 칭찬하는 말/ 격려와 위로의 말/ 선하고 덕을 세우는 말/ 부드러운 말/ 참되고 진실한 말/ 감사는 말/ 친절한 말/ 사랑의 말/ 의로운 말/ 지혜롭고 명철한 말/ 은혜로운 말/ 경우에 합당한 말/ 듣기에 좋은 말/ 삶의 공간과 분위기를 아름답게 하고 힘 있게 창조하는 유머/ 가정을 풍요롭고 복되게 하는 말들:

2. 사용하지 말아야 할 말을 살펴보고, 자신에게는 없는지 반성해보자.

참소/ 속임/ 궤사/ 궤휼/ 훼방 혹은 비방/ 무시하는 말/비꼬는 말/ 조롱이나 희롱하는 말/ 불평하고 투정하는 말/ 무책임 말/ 부정적인 말/ 핑계 대는 말/ 남의 충고를 깎아내리는 말/ 무사안일하고 타협하며 이간하는 말/ 아첨하는 말/ 과격한 말/ 미루는 말/ 누추하고 더러운 말/ 패역무도한 말/ 음담패설, 욕지기/ 독한 말, 비교하는 말/ 저주하는 말/ 부끄러운 말/ 기를 죽이고 의지를 꺾는 말/ (이렇게 많은가?) 말은 삼갈수록 좋다는 교훈을 기억하고 축복사역에 적용해보자.

제5장
축복하는 여러 가지 방법들

지금까지 살펴 본 축복의 형식들 외에도, 축복사역을 할 수 있는 방법들 혹은 형식들이 많이 있다. 예를 들어 우리가 무심결에 하는 악수 같은 것도 실상은 축복하는 힘 있는 의례라고 할 수 있다. 이 외에 몇 가지 축복하는 방법들을 생각해 보자.

1. 축복 중보기도

필자는 축복 중보기도를 추천한다. 축복 받는 대상이 우리 곁에 없을 때 그 대상을 축복할 수 있는 방법이 바로 축복 중보기도다. 사무엘은 이스라엘을 위해 중보기도를 쉬지 않겠다고 말했다(삼상 12:22-23). 축복 중보기도로 우리는 누구든지 축복할 수 있다.

- 아브라함과 이삭과 야곱의 엘솨다이 하나님, 전능자시며 복 주시는 하나님, ○○○ 가정이 복을 받을 수 있는 자리에 서도록 은혜 내려 주옵소서.
- 믿는 자녀의 삶의 가장 낮은 곳까지 내려오셔서 구원하시는 여호와 체바오트의 하나님, 그리고 도움이 되시는 에제르 하나님, 뜻하지 않은 어려움 가운데 처한 ○○○ 가정에 구원과 도움을 베풀어 주옵소서.
- 믿고 순종하는 자녀를 위해 필요한 것을 준비하시는 야웨 이레의 하나님, ○○○ 가정의 필요를 채워주옵소서.

위에 든 간략한 실례들처럼, 우리는 하나님의 거룩하고 존귀하신 이름과 주신 약속의 말씀에 근거하여 축복 중보기도를 할 수 있다.

2. 축복 카드

상대방의 생일이나 기억할 만한 기념일 혹은 평상시라도

축복의 메시지를 실은 정성어린 카드로 상대방을 축복할 수 있다. 축복카드는 전화나 이메일보다 더 마음을 감동시킨다.

하나님의 사랑 받는 ○○에게

사랑하는 ○○여, 너(당신)는 샘 곁에 심은 포도나무 같은 자라.

제○회 생일을 맞는 너(당신)는 주 예수 안에서 항상 하나님께 기쁨이 되기를 축복하노라!

상황에 부합된 축복의 메시지는 얼마든지 가능하다. 진심으로 축복하는 마음과 축복의 결과에 대한 믿음이 있다면…

3. 축복 베너

축복 베너(Bleeing Banner)는 삶의 모든 순간순간을 축제화(celebration)할 수 있어 사람들을 축복하는 데 요긴하게 쓰임 받을 수 있다. 가정, 믿음의 공동체, 그리고 기타 모든 관계의 차원에 적용될 수 있는 축복 베너는 사람들로 하여금 축복의 에스컬레이터를 타게 만든다(참조: 다음 제5항 의미 있는 의례들)

4. 의미 있는 성찬예전

필자는 성찬예전 때면 앞으로 나와서 그리스도의 살과 피에 참여하는 성도들에게 기름을 바르고 머리에 손을 얹고 축복한다. 성찬예전의 원리에 따라 회중은 축성(lift up)된 한 떡(One bread)에서 한 조각을 떼어 한 컵(One cup)에 적셔 먹은 후(장로들이 리터지스트liturgists로 떡과 잔을 들고 선다), 축복기도와 안수를 받고 회중석으로 되돌아간다. 앞에서도 언급했지만, 이때 제사장 아론의 축복문(민 6:24-26)을 적용할 수 있고(굳이 전체가 아니라도 한 구절씩 사용할 수 있다), 다른 성경구절들을 이용한 축복문을 얼마든지 만들어 활용할 수 있다. 예를 들어,

- 모든 자비의 하나님, 주의 살과 피에 참여한 ○○○에

게 주님의 복을 주옵소서.

- 이스라엘의 하나님, 주의 성찬에 참여한 ○○에게 은혜를 베푸소서.
- 이스라엘의 하나님, 주의 성찬에 참여한 ○○에게 당신의 얼굴을 드사 평강을 주소서.
- 여호와는 그 얼굴을 ○○에게 비추사 평강 주시기를 원하노라.
- 여호와는 ○○에게 복을 주시고 ○○를 지키시기를 원하노라.
- 여호와 아도나이여, ○○에게 형통의 복을 허락하소서.
- 여호와 라파의 하나님이여, ○○의 질병을 고쳐주시고 건강의 복을 주옵소서.

성찬예전 후에 목회자와 성도들, 그리고 성도들 상호간에 행하는 포옹과 축복은 성찬예전을 통해 주시는 하나님의 복을 더 풍성하게 누리는 은혜의 통로가 될 수 있다.

5. 의미 있는 의례들

의미 있는 프로그램을 만들어 생일이나 기타 출생, 졸업, 전역, 퇴원, 승진 등과 같은 이벤트들(events)을 축제화(celebrity)하면, 이 역시 훌륭한 축복사역(blessing Ministry)이 될 수 있다. 일리노이주 에반스톤의 시베리성공회 신학대학원(Seavary Western Theological Seminary)의 리오 박사(Dr. Leo)는 "우리가 만일 크고 작은 일상사(日常事)들을 축제화하면 이는 영혼을 돌보는 일(Care of the Soul)이 될 뿐 아니라 삶을 풍요롭게 하는 통로가 되리라."고 한다.

필자는 딸아이들이 고국을 방문할 때는 꼭 방안에 "환영한다. 케더린과 유니스. 너희 둘은 우리에게 너무나 소중한 존재야!(*Welcome Home, Katherine & Eunice. Both of you are meant much to us!*)"라는 베너(banner)를 서 붙이고 풍선 몇 개를 매달고 깜짝쇼와 선물을 준비한다. "혜진이, 유니게는 시냇가에 심은 나무라. 하나님의 사랑 안에 믿음 뿌리 내리고 주의 뜻대로 주의 뜻대로 항상 살리라"는 찬송을 부르며 머리 위에 손을 얹고 안수한다. 딸아이들의 자기 가치감과 자기 존중감은 이다지도 작은 셀리버레이션(celebration)을 통해 더욱 강화되어 간다.

남편이 출장을 마치고 귀가할 때, 아내가 며칠 어디를 다녀올 때, 그리고 자녀들이 여행을 마치고 다녀올 때, 환영의 베너를 설치하고 축복해 보라! 가정은 행복의 에스컬레이터를 타고 높은 행복의 고지(高地)로 날아오를 것이다.

정 리 와 적 용

축복의 형식들 외에도, 축복사역을 할 수 있는 방법들이 많이 있다. 몇 가지 축복하는 방법들을 정리해 보자.

1. 축복 중보기도: 축복 받는 대상이 곁에 없을 때 그 대상을 축복할 수 있는 방법이 축복 중보기도다. 하나님의 거룩하고 존귀하신 이름과 주신 약속의 말씀에 근거하여 축복 중보기도를 해야 한다. 가정과 목회현장에서 적용해보고 중보기도에 응답을 주신 하나님의 손길을 간증해보자.

2. 축복 카드와 축복 베너를 활용해보자. 축복사역에 도구로서 세심한 관심과 적용이 필요하다.

3. 성찬예전을 보다 의미 있게 하기 위한 여러 방면의 도입이 필요하다. 목회현장에서 적용하고 실천해보자.

4. 기타 의미 있는 의례들에 축복사역을 적용하기 위한 다양한 성경적인 아이디어와 참신한 방법이 요구된다. 개인과 가정과 목회현장에 시급한 도입이 요구되는 의례는 어떤 것이 있겠는가?

제6장
복의 근원 하나님

하나님은 복의 근원이시다. 복의 근원되신 하나님은 그분이 창조하신 모든 피조물이 복 받기를 원하신다. 특히 그분의 형상으로 지음 받은 사람과 그들이 이룬 가정이 복 받기를 원하신다.

하나님이 복 주시는 방법은 크게 두 가지다. 첫째는 그분과의 직접적인 상호관계(Mutual Relationship)를 통해, 그리고 둘째는 성경에서 확연히 보여주신 바와 같이 우리의 축복사역(Blessing Ministry)을 통해서다.

그래서 우리는 항상 복 주시는 복의 근원되신 하나님을 송축한다:

만복의 근원 하나님 만 백성 찬송 드리고
저 천사여 찬송하세 찬송 성부 성자 성령.

아멘. (찬송가 1장)

하나님이 주시는 복은 에덴에서 시작되는바, 그 창조의 절정(絶頂)은 가정이었다. 그리고 그 절정의 절정은 하나님이 그 가정에 담아 주신 복이었다. 루터는 "만일 하나님이 가정을 창조하시지 않았다면 창조가 허무했을 것이다."라고 했다.

그런데 만일 우리의 가정 안에 복이 없다면 그 가정은 얼마나 허전하고 살기 힘든 가정일까? 그런 가정을 역기능 가정(dysfunctional family)이라고 한다면, 순기능 가정(functional family)은 하나님께서 주신 복이 듬뿍 담긴 아름답고 모든 관계가 조화된 가정이 아닐까?

그러면 창조의 절정인 가정에 하나님이 주신 복을 알아보기 위해 먼저 에덴의 가정(Eden family)부터 살펴보도록 하자.

1. 에덴의 가정에 주신 복

하나님이 그들에게 복을 주시며 하나님이 그들에게 이르

시되 생육하고 번성하여 땅에 충만하라 땅을 정복하라 바
다의 물고기와 하늘의 새와 땅에 움직이는 모든 생물을
다스리라 하시니라 (창 1:28)

하나님의 뜻과 계획은 복된 가정 혹은 가정의 복이었다.
그래서 하나님은 에덴 가정에 하나님을 예배하며, 가족 상
호간 사랑의 친밀함과 결속을 이루며, 하나님이 창조하신
세계를 돌보는 관계의 복(blessing of relationship: 문화적
명령은 이 복에 포함된다)을 주셨다. 관계의 복이 함축하는
의미는 이 세 가지 차원의 관계를 잘 지키면 에덴 가정의 구
성원들은 복되게 살 수 있다는 것이다. 인간은 애초부터 관
계의 존재(related Self)로 창조된 바, 에덴 가정의 구성원인
아담과 하와 안에 담아 두신 '하나님 형상(Imago Dei)' 또
한 이 관계의 복을 위한 것이라고 생각한다.

에덴 가정은 사람이 설계하고 만든 것이 아니다. 창조주
하나님이 직접 설계하여 만드신 것이다. 에덴 가정은 하나
님이 주신 복을 누릴 수 있는 특권과 또한 그것을 관리할 책
임과 사명을 부여 받았다. 우주의 중심(Axis Mundi)인 에덴
을 우리는 파라다이스(Paradise) 즉 낙원(樂園)이라고 부른
다. 모든 관계가 조화된 아름다운 곳이기 때문이다. 파라다

이스인 에덴 가정은 앞서 말한 세 차원의 온전한 관계 안에서 지고(至高)의 행복을 누릴 수 있었다.

현대인은 에덴 콤플렉스(Eden Complex)를 갖고 살아가고 있다고 어떤 심리학자는 말했다. 그 말에 담긴 속뜻은 현대를 살아가는 우리는 애당초 하나님이 설계하신 대로 전체적으로나 부분적으로 복된 가정 세우기(establishing the blessed family)에 실패하고 있음을 지적한 것이 아닐까?

하나님의 설계에 걸맞은 복된 가정 만들기는 지난 그 어느 시대보다 우리 세대의 시급한 과제로 부상하고 있다. 앞으로 차근차근 밝히겠지만, 그렇게 할 수 있는 길은 하나님이 주신 축복의 원리를 따르는 데 있다.

2. 노아 가정에 주신 복

맹렬한 대홍수 심판이 끝나고 하나님이 하늘에 펼쳐놓으신 무지개를 출발점으로 새 언약의 삶을 시작하는 노아 가정에 하나님은 에덴의 가정에 주신 것과 같은 복을 주셨다.

하나님이 노아와 그 아들들에게 복을 주시며 그들에게 이

르시되 생육하고 번성하여 땅에 충만하라 (창 9:1, 7)

노아의 가정 역시 에덴의 가정처럼 관계의 복(Blessing of relationship)을 받았다. 더 나아가 노아의 아들들, 곧 셈과 야벳은 각각 번영의 복과 하나님 임재의 복(하나님의 영광의 임재를 뜻하는 말인 세키나*Shekinah*는 동사 사칸*Sakan*의 명사형)을 받았다.

> 하나님이 야벳을 창대하게 하사 셈의 장막에 거하게 하시고 가나안은 그의 종이 되게 하시기를 원하노라 하였더라 (창 9:27)

하나님이 주시는 복의 옥타브(octave)가 노아의 가정에서 발견된다. 한없는 복의 자원(資源)이시자 출처(出處)이신 하나님은 복에 복을 더하신다(대상 4:10). 그런 복을 받은 노아는 당대에 하나님 앞에서 의인이었다. 하나님은 의인에게 복을 주시는 분이시다(시 5:12).

3. 아브라함 가정에 주신 복

하나님은 아브람에게 당시 수메르 문화의 중심지인 갈대아 우르를 떠나 "내가 네게 보여 줄 땅으로 가라"(창 12:1)고 명령(혹은 초대)하셨다. 폴 투르니에(Paul Tournier)는 "인간이 존재의 뿌리를 떠나는 것은 거반 죽는 일이라."고 했는데, 아브람은 믿음으로 하나님의 명령(초대)에 순종하여 자신을 불확실한 삶의 궤도 위에 올려놓았다. 그는 갈 바를 알지 못하고 믿음의 발걸음을 한 걸음씩 띠기 시작했다. 하나님 외에 다른 어떤 보장도 없었다. 그러므로 그를 진정한 믿음의 사람이라고 할 수 있는 것이다(히 11:8). 그는 쉽게 믿음의 조상이 된 것이 아니다.

> 여호와께서 아브람에게 이르시되 너는 너의 고향과 친척과 아버지의 집을 떠나 내가 네게 보여 줄 땅으로 가라. 내가 너로 큰 민족을 이루고 네게 복을 주어 네 이름을 창대하게 하리니 너는 복이 될지라. 너를 축복하는 자에게는 내가 복을 내리고 너를 저주하는 자에게는 내가 저주하리니 땅의 모든 족속이 너로 말미암아 복을 얻을 것이라 하신지라 (창 12:1-3)

이 초대 혹은 명령에는 땅과 자손의 복에 대한 약속이 따랐고(창 13:15, 17, 15:5 등), 신실하신 하나님은 그 약속대로 아브라함에게 땅과 자손의 복을 주셨다. 그리고 아브라함 가정과 약속된 아브라함의 자손은 하나님의 복의 통로로 쓰임 받았다(창 22:18). 하나님은 아브라함이 나이 많아 늙었을 때에도 범사에 많은 복을 주셨다(창 24:1). 하나님은 오직 믿음으로 순종하는 자와 그 가정에 복을 주신다.

4. 이삭의 가정에 주신 복

이삭은 묵상하는 사람이었다(창 24:63). 묵상하는 사람은 매사에 믿음의 인내로 하나님의 역사를 기다릴 줄 안다. 그는 마흔 살이 되도록 아내를 맞이하지 않고 있다가 아버지 아브라함의 뜻을 따라 믿음의 아내 리브가를 맞이하였다. 그러나 아내를 얻은 후 20년이 지나도록 자식을 얻지 못했지만, 또 다시 믿음의 인내로 하나님의 섭리에 그 일을 맡긴다. 그리고 때가 되자 쌍둥이 아들을 얻었는데, 그 중 한 아들이 구약에서 이스라엘의 대표자(the representative of Israel)인 야곱이었다.

그의 탁월한 아들 야곱은 보좌에 앉아계신 분의 얼굴을 닮았다. 벧엘에서 돌베개를 하고 잠자는 야곱의 광야 숙소에 천사들이 사닥다리를 타고 내려왔다. 천사들이 그의 얼굴을 들여다보니 놀랍게도 그는 하늘 보좌에 앉아계신 분을 닮았다. 놀란 천사들이 사닥다리를 타고 황급히 하늘로 올라가 하나님 보좌를 옹위한 다른 천사들에게, "얘들아, 우리가 땅에 내려가 보니 거기 보좌에 계신 분의 얼굴을 닮은 자가 누워 잠자고 있더라!"고 소리쳤고, 그들의 말은 들은 여느 천사들이 황급히 사닥다리를 타고 지상에 내려왔다(창 28:12. 참조: "오르락내리락 하고"). 앞서 내려온 천사들의 말대로 그는 보좌에 계신 분을 닮은 자였다(야곱은 구약 이스라엘 백성의 대표자이다. 그리고 예수는 하나님이 예수를 통해 새롭게 모으시는 계약 백성의 대표자시다. 참조, 요 1:51).

묵상하는 믿음의 족장 이삭과 그의 가정은 조상 아브라함에 주신 하나님의 약속을 따라 땅과 자손의 복을 받았고, 또한 하나님의 복의 통로로 쓰임 받았다(26:4). 어디 그뿐이랴. 이삭은 아버지 아브라함 때보다 더 극심한 기근 때에도 그 땅에서 농사를 짓는 다른 이들보다 백 배의 결실을 얻었고, 이어 거부(巨富)가 되었다. 나중에는 르호봇('넓은 방': 물질적 번영)의 복을 얻었다.

5. 야곱의 가정에 주신 복

비록 인간적인 속임수를 썼지만, 야곱은 믿음으로 장자 생득권(birthright)에 따르는 가정의 제사장 직분의 복과 아울러 '하나님의 집' 벧엘에서 하늘 문이 열리는 큰 영적인 복을 받았고, 이어서 외삼촌 라반의 집에서 수고하여 많은 물질의 복을 받았다.

그가 받은 복의 절정은 얍복에서 이루어졌다. 그는 '비우고', '쏟아 붓는' 얍복에서 '이스라엘'이 되는 복을 받았다. 실로 얍복은 야곱에게 있어서 '영혼의 깊은 밤'(십자가의 성 요한)이었고, 깨어짐(brokenness)에서 재통합(reintegration) 혹은 변형(transformation)에 이르는 통과의례(passage rite)적인 성소(Sacred Space 혹은 liminal Space)였다고 할 수 있다.

야곱은 그의 부러진 허리에서 열 왕(백성의 총회)이 나오는 자손의 복(창 35:11)을 받았다. 하나님은 그분을 사모하며 간절히 찾고 갈구하는 자와 그 가정에 그 은혜와 복을 한없이 베풀어 주신다.

6. 요셉이 고난을 통해 받은 복

하나님이 주시는 복은 때로는 고난을 통해서 온다. 꿈꾸는 자 요셉은 말씀으로 연단 받은(시 105:19) '환난의 사람'이었다(암 6:6, 창 48:16). 하나님의 말씀이 성취될 때까지 그는 고난의 회로 속에 있어야만 했다. 처절한 배신과 죽음의 구덩이, 노예생활의 구덩이, 그리고 감옥의 구덩이는 실상 하나님이 그에게 주시는 복을 담는 그릇(容器)이었다.

고난의 깊은 구덩이 속에도 하나님은 그와 함께하셨다(창 39:23):

> 이는 여호와께서 요셉과 함께하심이라 여호와께서 그를 범사에 형통하게 하셨더라 (창 39:23)

하나님은 '수고한 땅', '고난의 땅'에서도 믿음의 정절을 지킨 요셉에게 함께하시는 임마누엘의 복과 당신의 손으로 번성(prosperity)하게 하시는 물질의 복(창 41:52)과 그의 조

상 아브라함에게 약속하신 바와 같은 자손의 복을 베풀어
주셨다. 하나님이 주신 복은 한 개인과 가정의 차원을 넘어
선택받은 민족 구원이라는 차원까지 확대되었다. 하나님은
고난 속에서도 믿음의 정절을 굳게 지키는 자와 그 가정에
게 복을 주시는 것이다.

7. 히브리 산파들의 가정에 주신 복

지혜로운 히브리 산파들인 '아름다운' 여인 십브라와
'찬란한' 여인 부아는 사내아이를 낳으면 죽이라는 파라오
의 추상같은 명령을 어기면서까지 히브리 여인들이 출산한
사내아이들을 살려내었다. 실로 그것은 목숨을 건 일대 모
험이었다. 그녀들이 그렇게 한 것은 파라오보다 하나님을
더 경외(Fear of God)하였기 때문이다(출 1:21). 여호와는
당신을 경외하는 그녀들에게 견고한 의뢰가 되어 주셨다(잠
14:26). 만일 하나님이 친히 그녀들의 견고한 의뢰가 되어
주시지 않았다면, 그녀들이 떠벌인 합리적인 변명과는 상관
없이 그 목숨은 파라오의 시퍼런 칼날에 추풍낙엽처럼 떨어
졌을 것이다.

지혜로운 여인들의 이 영웅적인 구원 행동으로 말미암아 하나님이 섭리하신 종 모세는 하나님의 구원사(救援史) 무대에 우뚝 선 인물로 등장하게 된 것이다. 하나님은 당신을 경외하는 이 여인들의 집안(가정)을 홍왕하게 하시는 복을 주셨다(출 1:21, 잠 14:11). 실로 하나님은 그분을 경외하는 자의 가정에 복을 주시는 분이시다.

8. 엘가나와 한나 가정에 주신 복

당시에 자식을 생산할 수 없는 여인은 하나님의 은총에서 제외된 여인으로 여겨졌다. 제아무리 나름대로 야훼 하나님에 대한 경건한 신앙을 견지해도 자식을 낳지 못한다면 그 신앙의 내용과 진실은 충분히 의심받고도 남는 그런 시대적 상황이었다. 그런 의미에서 엘가나의 아내인 한나는 하나님의 제사장에게 고백한 대로 "마음이 슬픈 자"(삼상 1:15)였다. 이름의 뜻만 '은혜, 도움'이었지, 그녀는 하나님의 은총에서 멀리 동떨어져 있었다.

그런 한나를 엘가나는 따뜻한 말로써 진심으로 위로했지만 그녀에게 별 도움이 못 되었다. 더욱이 엘가나에게 자식을 낳아준 브닌나의 학대는 그녀의 괴로움과 한(恨)을 더욱 심화시켰다. 작정하여 서원 기도를 시작한 한나에게 하나님은 아들의 복을 주시되 큰 아들을 선물로 주셨다. 그럼으로써 하나님은 **한나의 뿔을 높여주셨다**(삼상 2:1). 실로 하나님은 "임신하지 못하던 여자를 집에 살게 하사 자녀들을 즐겁게 하는 어머니가 되게 하시는"(시 113:9) 능력과 은혜의 하나님이시다.

'하나님이 들어주신' 서원 기도의 열매인 아들 사무엘은 젖을 떼자 하나님의 집으로 옮겨졌다. 하나님께 바쳐진 어린 아들 사무엘은 하나님의 집에서 하나님의 종으로 성장했다. 그리고 자비로우시고 은혜로우신 하나님은 한나의 태문(胎門)을 여셔서 **세 아들과 두 딸의 복**을 더해 주셨다. 참으로 하나님이 주시는 은혜는 은혜 위의 은혜요 하나님이 주시는 복은 복 위의 복, 즉 무더기 복이다. 하나님은 그분 앞에 경건하고 진실하게 살며 기도하는 자와 그 가정에 복을 주신다.

9. 오벧에돔의 가정에 주신 복

'에돔의 종'이란 그의 이름이 지닌 뜻처럼, 오벧에돔은 영원히 하나님의 종으로 사는 복을 추구한 사람이다. 하나님의 언약궤를 옮기는 과정에 발생한 불상사(삼하 6:1이하)로 말미암아 모든 사람들이 하나님의 언약궤 모시기를 꺼려하거나 회피했을 때, 오벧에돔은 자원하여 언약궤를 자기 집에 모시고 정성껏 섬겼다. 그러자 하나님은 그의 가정에 복을 아낌없이 베풀어 주셨다(삼하 6:11).

그는 하나님의 임재 앞에 머물기를 기뻐했던 사람인 것이 확실하다. 더 나아가 하나님 섬기기를 기뻐한 사람임에 틀림없다. 그에게 있어서 받은 복은 이 사실들에 의해 뒤로 밀려나 있었다. 다윗이 하나님의 언약궤를 율법에 정하신 법도에 따라 예루살렘으로 옮길 때, 그는 궤를 따라가서 다윗의 장막 문지기가 되었기 때문이다(대상 15:24, 16:38, 26:15). 그뿐만이 아니다. 그의 형제 육십팔 명(대상 16:37)과 그의 아들들(26:4-19) 또한 문지기로 섬겼다. 그들은 세상의 고관대작(高官大爵)보다 하나님의 문지기가 되는 것, 세상에서 천 날을 보내는 것보다 주의 전(殿)에서 보내는 한 날의 가치와 기쁨을 더 낫게 여겼던 복 받은 자들이었다(시

84:10). 하나님은 그분과 그분의 전(殿)을 사모하는 자와 그 가정에 무한한 복을 베풀어 주신다.

10. 다윗의 가정이 받은 하나님의 영원한 임재의 복

예배의 귀재라고 할 수 있는 다윗은 하나님 자신과(시 16:2), 하나님의 영원하신 임재(삼하 7:29), 하나님의 집에서 주 하나님을 사모하는 가운데 예배로 섬기는 것(시 27:4), 그리고 예배자로서의 합당한 삶을 사는 것(시 15편, 24:1-6)을 지고의 복으로 삼은 믿음의 영웅이다. 다윗은 하나님을 기뻐하며(시 37:4, 이 구절의 역본들은 "여호와 하나님을 너의 자원으로 삼아라" make Yahweh as your resource; "여호와 안에서 기쁨을 찾으라" find your joy in Yahweh로 되어 있다. 다윗은 그런 삶을 살았다.) 하나님의 영원한 임재의 복을 구하며(삼하 7:29) 동시에 그와 그의 왕조에 베푸신 영원한 임재의 복을 감사했다(대상 17:27).

11. 야베스가 받은 진복(眞福)

현대 모든 그리스도인들이 매료당하고 있는 것은 야베스 자신보다 야베스가 받은 복 위의 복이다. 과연 야베스는 어떤 사람이었고 그가 하나님 앞에서 무엇을 했기에, 하나님이 그에게 그토록 많은 복을 주셨는지에 대해 성경은 침묵하고 있다. 다만 알 수 있는 것은 그의 출생 시에 그의 어머니가 산고(産苦)를 많이 겪었다는 것뿐이다(대상 4:9).

하나님은 야베스의 기도를 들으셨고 그에게 넓은 삶의 바운더리(boundary), 환난과 근심 없는 삶의 복을 주셨다. 많은 것을 소유해도 근심이 있으면 소유가 빛을 발하지 못한다(잠 15:16, 10:22). 만일 그렇게 된다면 그 소유는 복이라기보다는 도리어 그것을 지키는 자에게 감당하기 힘든 무거운 짐이 될 수밖에 없다. 그런 점에서 환난과 근심이 없는 상태의 평강한 삶이라는 진복(眞福)을 기도의 사람 야베스는 받았다.

역대상 4장 9절에서 하나님이 야베스의 기도를 들어주시고 복을 주셨다고 하셨는데, 이때 사용된 히브리어는 '아슈르'(אשׁר)다. 이는 '바른 데로 가게 하다'(go to straight on) '성공하다, 번영하다'(to be success) '행복을 선언하다'(to *pronounce happy)*라는 뜻이다. 세속적 물질적 성공 위에 바른 길을 가게 하시고, 하나님 안에 거하는 행복을 주셨다. 이 모든 것이 진복(眞福)이다.

12. 고난을 통해 욥의 가정이 받은 복

족장시대 사람 욥은 "온전하고 정직하여 하나님을 경외하며 악에서 떠난 자"였다(욥 1:1) 그는 하나님 말씀을 정한 음식보다 귀히 여겨(23:12) 읽고 묵상하며 거역함 없이 준수했고(6:10; No Bible No Breakfast의 삶이라 할 수 있을 것이다), 손에 포학이 없고 기도는 정결했다(16:17, 시 34:15). 그는 여느 사람들이 범할 수 있는 일곱 가지 전형적인 죄들을 피한(31장) 당대의 의인이었다. 하나님과 동행한 삶(Coram Deo)을 산 사람들을 거명할 때, 그는 노아와 다니엘과 함께 거론된다(겔 14:14, 18, 20).

하지만 그는 까닭 없는 고난의 회로 속에 끌려들어갔다. 한순간에 피땀 흘려 모은 전 재산을 강탈당했고, 눈에 넣어도 아프지 않을 자신의 생명보다 귀한 열 자녀를 한꺼번에 잃어버렸고, "하나님을 저주하고 죽으라!"는 철부지 없는 아내의 비난의 구정물을 뒤집어써야 했고, 아무 말 없이 옆에 앉아서 함께 울어주어야 할 친구들의 비난의 화살을 온몸에 받아야 했고, 급기야 그의 몸에는 몹쓸 병이 들어 기왓장으로 가려운 헌데를 긁어야 조금이라도 시원할까 말까한 저주의 병상(病床)에 앉게 되었다. 하지만 그는 결코 하나님을 원망하거나 배역하지 않고 믿음을 지켰다. 그는 하나님이 계신 데를 몰랐지만, 하나님은 그가 있는 곳을 아신다는 믿음을 갖고 있었다(욥 23:10; 그런 의미에서 그의 고난은 더 이상 고난이 아니었다. 다시 말해, 고난의 의미를 발견한다면 그 고난은 더 이상 고난이 아닌 것이다).

고난의 풀무 속에서 순수한 믿음을 지킨 욥은 고난 끝에 두 배의 물질의 복과 열 자녀의 복을 받았다(물질의 복은 두 배로 받았지만, 자녀는 인격이기 때문에 종전처럼 열 자녀를 주셨던 것이다). 무엇보다 그가 받은 큰 복은 고난을 통해 하나님에 대해 알던 관계(knowing about God)에서 직접 눈으로 보는 관계(Knowing God)의 성숙한 믿음의 복을 받았다(욥 42:5). 하나님은 고난 속에서도 믿음의 정절을 지키는 자와 그 가정에 복을 주신다.

13. 사가랴와 엘리사벳 가정이 받은 복

자식이 없는 것은 하나님의 은총을 상실한 표지 혹은 하나님으로부터 버림 받은 표지였다. 그러나 그의 이름이 의미하듯, 사가랴는 '여호와가 자신을 기억하고 계심' 을 믿고 기도를 중단하지 않았다. 왜냐하면 하나님은 "임신하지 못하던 여자를 집에 살게 하사 자녀들을 즐겁게 하는 어머니가 되게 하시는" 분이시기 때문이다(시 113:9). '하나님을 자신의 맹세' 로 삼은 그의 아내 엘리사벳 역시 사랑하는 남편 사가랴와 함께 하나님 앞에서 의인으로서 모든 계명과 규례대로 흠 없이 살면서(눅 1:6) 자식을 위해 기도했다.

마침(하나님의 섭리의 때가 도래했음을 의미한다), 제비로 24제사장 반열 가운데 사가랴가 속한 아비야 반열이 뽑혔고, 아비야 반열에 속한 1,000명의 제사장들 가운데 사가랴가 뽑혀 하나님 앞에서 제사장의 직무를 감당하게 되었다. 그때 그는 이미 나이 많아 늙어 있었다. 그는 이렇게 인생의 느지막한 황혼기에 하나님의 역사 섭리를 위해 딱 한 번 쓰임 받았던 것이다. 우리 역시 죽기 전에 단 한 번이라도 쓰임 받는다면 그 얼마나 큰 은총이며 복이겠는가? 쓰임 받는다는 것 자체가 중요하지 어느 때인지가 중요하지 않다.

두 사람은 하나님께 은혜를 입은 자였다(눅 1:28, 30). 그들은 주의 첩경을 평탄하게 하는 전령(Forerunner), 여자가 낳은 자 중에 그보다 큰 자가 없다는(마 11:11) 세례 요한을 선물로 받았다. 하나님은 구하는 사가랴와 엘리사벳에게 선물을 주시되, 큰 선물의 자식 복을 주셨다. 하나님은 당신을 기다리는 자와 그 가정에 복을 주신다.

14. 요셉과 마리아 가정이 받은 복

복이라고 한다면 이 두 사람의 가정이 받은 복에 비교할 수 있겠는가? 은총이라고 한다면 이보다 더 큰 은총이 있을까? 하나님의 성육신 하신 아들, 온 세상의 구세주 예수 그리스도를 모셨으니까 말이다. 억조창생(億兆蒼生) 가운데 이들 가정이 특별히 선택받은 것은 오로지 하나님의 뜻과 섭리였지만, 어떤 면으로 보나 요셉과 마리아의 가정은 복 위에 복을 받은 가정임에 틀림없으리라. 하나님은 주권적으로 선택하신 자와 가정에 복을 주신다.

지금까지 에덴의 가정으로부터 시작하여 믿음의 족장들의 가정을 비롯한 여러 믿음의 가정들이 받은 복을 간략하게 개관하였다. 복을 받은 가정들이 비단 이들 가정뿐이겠는가? '복을 주셨다' 혹은 '복을 받았다' 는 직접적인 표현만 없을 따름이지 실상은 복을 받은 가정들은 성경 안에 무수히 기록되어 있다. 하지만 이쯤에서 끝을 맺기로 하자.

하나님은 복의 하나님 혹은 복의 근원이신 하나님이시다. 복의 근원이신 하나님은 그분과 올바른 관계 안에 있는 믿음의 사람들과 믿음의 가정에 복 주시기를 기뻐하시는 분이시다.

복의 근원이신 하나님은 또한 복을 받은 사람들과 가정이 축복사역을 통해 복의 통로로 쓰임 받기를 원하신다. 그러면 다음 장에서 하나님이 주시는 복을 전달하는 축복의 통로로 쓰임 받은 성경의 인물들을 살펴보기로 하자.

하나님이 복 주시는 방법은 크게 두 가지다. 첫째는 하나님과의 직접적인 상호관계(Mutual Relationship)를 통해, 그리고 둘째는 성경에서 확연히 보여주신 바와 같이 우리의 축복사역(Blessing Ministry)을 통해서다.

하나님은 복의 하나님 혹은 복의 근원이신 하나님이시다. 복의 근원이신 하나님은 그분과 올바른 관계 안에 있는 믿음의 사람들과 믿음의 가정에 복 주시기를 기뻐하시는 분이시다. 하나님의 복을 받은 성경의 인물들을 살펴보자.

*에덴의 가정/ 노아/ 아브라함/ 이삭/ 야곱/ 요셉/ 히브리 산파/ 엘가나와 한나/ 오벧에돔/ 다윗/ 야베스/ 욥/ 사가랴와 엘리사벳/ 요셉과 마리아의 가정

제7장
그들은 축복하는 사람들이었다

성경을 보면 하나님이 사용하신 믿음의 사람들은 그들이 제사장이든지 왕이든지 그 누구를 막론하고 한결같이 축복하는 사람이었다. 그들 모두는 하나님의 복의 통로로 쓰임 받았다.

사람이 한 세상을 살아가면서 하나님이 주고자 하시는 복을 직접 받는 일도 중요하지만, 복의 통로로 쓰임 받는 것 또한 보통 복이 아니다. 그러면 복의 통로로 쓰임 받은 사람들은 누구인가?

1. 살렘 왕 멜기세덱

시날 왕 아므라벨을 위시한 세 왕들이 연합하여 소돔과 고모라를 멸하는 과정에서 아브라함의 조카 롯과 그의 가족들을 포로로 잡아갔다. 아브라함은 훈련된 사병 318명을 거느리고 그들을 쫓아가서 단번에 쳐부수고 조카 롯을 비롯한 모든 가솔들과 재물을 찾아 돌아오게 되었다. 이때 살렘 왕 멜기세덱(그는 지극히 높으신 하나님의 제사장이었다)이 나아와서 아브라함을 축복하였다:

> 천지의 주재이시요 지극히 높으신 하나님이여, 아브람에게 복을 주옵소서 (창 14:19)

하나님은 이미 아브라함을 복의 근원으로 그리고 복의 통로로 삼으시겠다는 약속을 주셨다(창 12:1-3). 하지만 하나님은 그분이 세우신 제사장의 축복을 통해서 복을 주셨다는 사실을 잊어서는 안 된다.

하나님은 직접 복을 주시지만 또한 하나님이 세우신 제사장을 통해 선택하신 백성에게 복 주시기를 기뻐하신다. 또 제사장의 사명 가운데 한 가지는 하나님의 이름으로 하나님의 선택하신 백성을 축복하는 것이다. 아브라함은 살렘 왕 멜기세덱이 축복한 대로 큰 복을 받았다.

믿음의 족장 이삭은 아들 야곱에게 축복하였다:

> 내 아들의 향취는 여호와께서 복 주신 밭의 향취로다. 하
> 나님은 하늘의 이슬과 땅의 기름짐이며 풍성한 곡식과 포
> 도주를 네게 주시기를 원하노라. 만민이 너를 섬기고 열
> 국이 네게 굴복하리니 네가 형제들의 주가 되고 네 어머
> 니의 아들들이 네게 굴복하며 너를 저주하는 자는 저주를
> 받고 너를 축복하는 자는 복을 받기를 원하노라 (창
> 27:27-29)

천국은 침노하는 자가 갖는다던가?(마 11:12). 하나님이 주
시는 복 역시 그런 것인가? 둘째 아들 야곱은 장자 생득권
(birthright)에 따르는 복을 사모했다. 아니 사모했다기보다는
집요하게 갈구했다. 비록 아버지와 형을 속이기는 했지만.

그에 비해 장자 에서는 장자 생득권에 따르는 복을 하찮
게 여겼다. 어쩌면 그것은 복의 근원이신 하나님을 하찮게
여겼다는 의미도 될 수 있었다. 가정의 제사장 직분을 물려
받는 소중한 복을 팥죽 한 그릇에 팔아치울 만큼 그는 망령
된 자였다(히 12:16). 영원한 영적인 복보다는 잠시 있다가

사라져버릴 현세의 것에 매어달리는 에서 신드롬(Easu syndrome)에 희생되고 있는 우리들처럼…

야곱에 대한 이삭의 축복에서 축복의 원리와 형식을 살펴보겠지만, 우선 여기서는 믿음의 족장 이삭이 아들 야곱에게 축복 혹은 축복사역 하는 사람이었다는 것을 아는 것으로 만족하자.

3. 야곱

믿음의 족장 야곱 또한 하나님이 주시는 복의 통로로 쓰임 받은 대표적인 축복하는 사람이었다. 그 누구보다도 그는 축복사역의 소중함과 가치를 알았다. 그는 아들들의 분량대로 그들을 축복하였다(창 49:28).

야곱의 아들들에 대한 축복에서 두드러진 것은 유다와 요셉에게 한 축복이다:

> 유다야 너는 네 형제의 찬송이 될지라… 규가 유다를 떠나지 아니하며 통치자의 지팡이가 그 발 사이에서 떠나지 아니하기를 실로가 오시기까지 이르리니 그에게 모든 백성이 복종하리로다(창 49:10)

유다는 찬송 받으실 장차 오실 메시야 예수 그리스도의 조상의 반열에 우뚝 서는 복을 받았다(히 7:14). 하나님은 천천히 흐르는 실로아 구원의 물이시며(사 8:5-17), 그분의 아들 예수는 죄악으로 말미암은 흑암의 세상에 빛으로 오신 실로이셨다. 그래서 그분은 눈먼 맹인을 실로암 못에 보내어 눈을 뜨게 하셨다(요 9:1-7).

> 요셉은 무성한 가지 곧 샘 곁의 무성한 가지라. 그 가지가 담을 넘었도다 (창 49:22이하)

NIV성경은 "샘 곁의 무성한 가지"를 "샘 곁의 포도나무"(a vine near a spring)로 번역하였다. 이는 히브리어로 '벤 포라트' (Benporat)인데, '열매 맺는, 번성하는 아들' (fruitful, prosperous son)이란 뜻이다. 얼마나 아름답고 고귀한 축복의 메시지인가!

한 아버지가 아들에게 "너는 장차 샘가에 심겨진 포도나무가 되어 주렁주렁 풍성한 열매를 맺게 되어라. 그래서 하나님을 기쁘시게 하고 사람들을 즐겁게 하는 사람이 되어라. 네게로 오는 사람마다 풍성한 삶을 누리게 될 하나님의 복의 통로가 되어라"는 의미가 아닐까? 우리가 아는 바, 요셉은 그런 삶을 넉넉하게 살았던 넘치는 복의 사람이었다.

4. 제사장 아론

제사장 아론은 하나님의 명을 받아 하나님의 선택받은 백성들을 축복하는 제사장이었다. 제사장은 하나님이 주시는 복의 통로로 쓰임 받는 자였다. 그가 받은 축복의 메시지는 하나님께서 직접 주신 것이었다:

> 여호와는 네게 복을 주시고 너를 지키시기를 원하며 여호와는 그의 얼굴을 네게 비추사 은혜 베푸시기를 원하며 여호와는 그 얼굴을 네게로 향하여 드사 평강 주시기를 원하노라 (민 6:24-26)

하나님의 명을 따라 제사장이 축복하면 하나님께서는 복을 주실 것이었다(민 6:27). 하나님의 보호와 감찰하시고 인도하시는 은혜와 평강은 하나님의 백성들에게 얼마나 소중한 영적 자산인지!

오늘의 목회자와 가정의 아버지는 영적 제사장이다. 목회자는 회중에게, 그리고 가장(家長)인 아버지는 가족과 자녀들에게 이 축복의 메시지를 전하는 사명적인 존재다. 지금도 유대인 가정에서는 한 주에 최소한 두 번 이상 정례화(定禮化)된 축복 사역을 하고 있다.

5. 선지자 발람

브올의 아들 발람은 이스라엘 백성의 진군(進軍)에 겁먹은 발락으로부터 이스라엘을 저주해 달라는 요청을 받는다. 자신의 뜻을 이루기 위해 발락은 모압 장로들과 미디안 장로들의 손에 복채를 듬뿍 들려 보냈다. 그러나 하나님은 발람에게 이스라엘 백성은 복 받은 백성이므로 그들을 저주하지 말라고 말씀하셨다(민 22:12). 발람은 발락과 함께 바알의 산당에 오르긴 했지만, 이스라엘 백성을 축복하였다. 그리고 그것은 전적으로 하나님의 역사였다:

첫 번째 축복

하나님이 저주하지 않으신 자를 내가 어찌 저주하며 여호와께서 꾸짖지 않으신 자를 내가 어찌 꾸짖으랴 내가 바위 위에서 그들을 보며 작은 산에서 그들을 바라보니 이 백성은 홀로 살 것이라 그를 여러 민족 중의 하나로 여기지 않으리로다 야곱의 티끌을 누가 능히 세며 이스라엘 사분의 일을 누가 능히 셀고 나는 의인의 죽음을 죽기 원하며 나의 종말이 그와 같기를 바라노라 (민 23:8-10)

두 번째 축복

야곱의 허물을 보지 아니하시며 이스라엘의 반역을 보지 아니하시는도다 여호와 그들의 하나님이 그들과 함께 계시니 왕을 부르는 소리가 그 중에 있도다 하나님이 그들을 애굽에서 인도하여 내셨으니 그의 힘이 들소와 같도다 야곱을 해할 점술이 없고 이스라엘을 해할 복술이 없도다 이때에 야곱과 이스라엘에 대하여 논할 진데 하나님께서 행하신 일이 어찌 그리 크냐 하리로다 이 백성이 암사자 같이 일어나고 수사자 같이 일어나서 움킨 것을 먹으며 죽인 피를 마시기 전에는 눕지 아니하리로다 (민 23:21-24)

세 번째 축복

야곱이여 네 장막들이, 이스라엘이여 네 거처들이 어찌
그리 아름다운고 그 벌어짐이 골짜기 같고 강가의 동산
같으며 여호와께서 심으신 침향목들 같고 물가의 백향목
들 같도다 그 물통에서는 물이 넘치겠고 그 씨는 많은 물
가에 있으리로다 그의 왕이 아각보다 높으니 그의 나라가
흥왕하리로다 하나님이 그를 애굽에서 인도하여 내셨으니
그 힘이 들소와 같도다 그의 적국을 삼키고 그들의 뼈를
꺾으며 화살로 쏘아 꿰뚫으리로다 꿇어앉고 누움이 수사
자와 같고 암사자와도 같으니 일으킬 자 누구이랴 너를
축복하는 자마다 복을 받을 것이요 너를 저주하는 자마다
저주를 받을지로다 (민 24:5–9)

네 번째 축복

브올의 아들 발람이 말하며 눈을 감았던 자가 말하며 하
나님의 말씀을 듣는 자가 말하며 지극히 높으신 자의 지
식을 아는 자, 전능자의 환상을 보는 자, 엎드려서 눈을
뜬 자가 말하기를 내가 그를 보아도 이 때의 일이 아니며
내가 그를 바라보아도 가까운 일이 아니로다 한 별이 야
곱에게서 나오며 한 규가 이스라엘에게서 일어나서 모압

을 이쪽에서 저쪽까지 쳐서 무찌르고 또 셋의 자식들을
다 멸하리로다 그의 원수 에돔은 그들의 유산이 되고 그
와 동시에 이스라엘은 용감히 행동하리로다 주권자가 야
곱에게서 나서 남은 자들을 그 성읍에게서 멸절하리로다
(민 24:15-19)

이스라엘의 번성, 이스라엘의 힘과 강성, 이스라엘의 기
름짐, 그리고 메시야의 출현! 얼마나 아름답고 풍부한 축복
문인가? 필자가 아는 한, 발람만큼 한 대상을 향해 이렇게
많은 축복을 한 경우는 없다.

사람이 저주한다고 해서 저주가 임하겠는가? 복의 근원
이시자 복의 주권자이신 하나님은 발람의 저주를 축복으로
바꿔놓으셨다.

그런데 이처럼 발락의 집요한 요청에 역행하여 이스라엘
을 축복한 발람이(실상 축복하게 하신 것은 하나님이시지
만), 하나님의 이름으로 이스라엘을 축복한 그가 어떻게 해
서 잠시 있다 사라질 물질에 대한 탐욕(민 31:16, 유 1:11) 때
문에 그렇게 넘어졌는지 필자는 납득하기 어렵다. 그러나
현재도 물질 때문에 넘어지고 은퇴할 무렵이나 이후에 물질
에 대한 욕심 때문에 평생에 쌓은 목회에 먹칠하는 목회자

들을 보면 조금은 이해가 될 듯하다. 그러나 무엇보다 중요
한 것은 그가 축복하는 사람이었다는 것이다.

6. 여호수아

믿음의 용장 여호수아는 여분네의 아들 갈렙을 축복하고
헤브론을 그에게 주어 기업을 삼게 했다(수 14:13). 38년 전,
함께 하나님이 주시기로 약속하신 가나안 땅을 탐지했을 때
다른 열 명의 정탐꾼들은 약속의 땅을 악평하여 백성의 마
음을 약하게 만들었지만, 여호수아 자신과 굳건한 믿음의
동지 갈렙은 함께 믿음의 보고를 하지 않았던가? 그리고 의
기투합하여 젖과 꿀이 흐르는 약속의 땅 가나안을 차지하는
전투에서 용맹스럽게 싸우지 않았던가? 그런 갈렙을 여호수
아는 축복했다.

또한 여호수아는 가나안 정복 전쟁에 참여했던 르우벤 지
파와 갓 지파와 므낫세 반 지파를 그들이 요구한 땅인 요단
동쪽으로 돌려보내면서 그 세 지파를 축복했다(수 22:6,7).
이 세 지파는 애당초 하나님의 약속을 외면한 채 자신들의
욕구에 기초하여 요단 동편 땅에 정착하기를 요구했다. 이

런 얼토당토 않는 요구로 또 다시 백성의 마음을 상하게 했지만, 결과적으로 그들은 여호수아의 간절한 권면에 따라 가나안 정복 전쟁에 참여했다.

비록 그들이 하나님의 약속을 벗어나서 하나님이 약속하신 땅 안(in)이 아닌 밖(out)에 거주하기를 요구했지만, 하나님의 사람 여호수아는 관대하게 배교에 대한 엄한 경고와 주의(注意)를 줌(22:5)과 동시에 그들을 축복하고 돌려보냈다(자신이 인도하던 백성을 말로써 친 모세와는 이 점에서 비교된다. 참조, 민 20:10). 그가 한 직접적인 축복의 메시지는 기록되어 있지 않다. 하지만 중요한 것은 그가 하나님의 이름으로 자신을 따르던 지파 사람들을 축복하였다는 사실이다.

7. 여선지 드보라

랍비돗의 아내 여선지 '꿀벌' 드보라는 바락과 함께 가나안 왕 야빈의 군대장관 시스라와 그의 군대를 일거에 격파했다. 전투에서 이긴 드보라는 승전가를 부르며 주를 사랑하는 이스라엘 백성들을 축복했다:

여호와여, 주의 원수들은 다 이와 같이 망하게 하시고 주
를 사랑하는 자들은 해가 힘 있게 돋음같게 하시옵소서
(삿 5:31)

위의 본문은 이스라엘 백성에게 행한 직접적인 축복문(祝
福文) 같지 않아 보일지는 모르지만, 내용적인 면에서 하나
님께서 복을 주시도록 기원하였다는 점에서는 축복의 범주
에 든다. "여호와께서 너의 원수들을 망하게 하시고, 주를
사랑하는 너희는 해가 힘 있게 돋음같기를 원하노라"로 읽
을 수 있다.

8. 여호와의 사자 (기드온에게 축복한)

미디안이 7년 동안 이스라엘을 괴롭히고 있었다. 이때
하나님의 사자가 요아스의 아들 '벌채자' 요 '굳센 용사' 인
기드온에게 나타나서서 축복했다:

큰 용사여, 여호와께서 너와 함께 계시도다 (삿 6:12)

하나님이 '평강의 하나님'(여호와 샬롬)으로 알려지신 것은 바로 이때다(삿 6:24). 복 중에서 하나님이 함께 계시는 임재의 복만큼 큰 복이 어디 있겠는가? 복 중에 **가장 큰 복은 하나님 임재의 복**이다. 그래서 다윗은 "주의 뜰에서 주와 함께 하는 자가 복 있는 자"라고 고백했고(시 65:4), 복의 하나님이 오시는 대로(大路)를 열어드리기 위해 찬양하라고 하지 않았던가?(시 68:3-4).

9. 하나님의 날개를 대신한 보아스

'용기 있는 실력자' 보아스는 이방 여인 룻(Ruth)을 축복한다:

> 여호와께서 네가 행한 일에 보답하시기를 원하며 이스라엘의 하나님 여호와께서 그의 날개 아래에 보호를 받으러 온 네게 온전한 상 주시기를 원하노라 (룻 2:12)

룻은 시모인 '괴로움의 여인'(1:20) '비어 돌아오는 여인'(룻 1:21)인 나오미를 버리지 않고 모압에서부터 따라왔다. 다른 자부(子婦) 오르바는 제 길을 갔지만, 나오미는 어떻게 해서든 자신을 따라온 '우정의 여인' 이자 '동반자' 인 룻이 눈물겹도록 고마웠고 잘 되기를 바랐다. 그래서 그녀가 한 일은 룻으로 하여금 친족 보아스의 밭에 들어가 이삭을 줍게 하는 것이었다. 하나님의 섭리의 손길을 의지하면서.

마침 베들레헴에서 자신의 밭으로 온 보아스는 룻과 마주치게 된다. 보아스는 이미 룻에 대해 알고 있었기 때문에 진심으로 그녀를 축복하였고, 룻은 "당신의 날개 아래로 들어가게 해 주소서"(개역 성경은 "당신의 옷자락을 펴 당신의 여종을 덮으소서"라고 번역되었다. 룻 3:9)라고 간청한다.

실로 아름다운 한 폭의 그림 같은 드라마다. 보아스는 룻을 다시 한 번 축복한다:

내 딸아 여호와께서 네게 복 주시기를 원하노라 네가 가난하건 부하건 젊은 자를 따르지 아니하였으니 네가 베푼 인애가 처음보다 나중이 더하도다 (룻 3:10)

부와 가난을 초월하고, 육신의 정욕과 쾌락의 길을 따라가지 않은 신실한 여인, 한 곳 의지할 데 없는 가련한 시모에게 헌신적인 사랑(kindness 혹은 compassion)을 부은 여인

롯이었다. 인애(compassion)는 라틴어 *com*(함께)와 *pati*(아 파하다)의 합성어로서 '함께 아파(고통)하다' 란 뜻이다. 롯 은 '괴로움의 여인' 인 시모 나오미의 고통에 참여하여 함께 그 고통을 나누기로 결단했다. 마치 하나님이 그리스도의 십자가에서 우리의 고통에 참여하신 것같이.

롯의 위대함은 비단 여기서 멈추지 않는다. 무엇보다도 그모스 신 숭배의 영향을 받은 이방 모압 여인 롯은 시모 나 오미가 섬기는 살아계신 전능하신 하나님을 섬기기로 결단 했다. 이 일은 전자보다 더 위대한 결단이었다. 그런 인애와 믿음의 여인 롯을 보아스는 축복했다.

자신이 축복한 대로 보아스는 하나님의 복의 대행자가 되 어 자신의 날개 아래 룻을 품는다. 롯처럼 우리 모두가 축복 사역을 통해 '하나님의 날개 아래' 에 들어간다면 얼마나 큰 복이겠는가?

축복의 드라마는 여기서 막을 내리지 않고 계속된다. 성 문에 있는 모든 백성과 장로들이 모여서 이제는 하나님의 사람 보아스를 칭송하며 축복한다:

여호와께서 네 집에 들어가는 여인으로 이스라엘의 집을 세운 라헬과 레아 두 사람과 같게 하시고 네가 에브랏에

서 유력하고 베들레헴에서 유명하게 하시기를 원하며 여
호와께서 이 젊은 여자로 말미암아 네게 상속자를 주사
네 집이 다말이 유다에게 낳아준 베레스의 집과 같게 하
시기를 원하노라 하니라 (룻 4:11-12)

베들레헴 성의 뭇 여인들도 이에 질세라, 보아스의 아들
을 낳은 룻에게 박수갈채를 보내며 목소리 높여 칭송하며
축복한다:

찬송할지로다 여호와께서 오늘 네게 기업 무를 자가 없게
하지 아니하셨도다 이 아이의 이름이 이스라엘 중에 유명
하게 되기를 원하노라 이는 네 생명의 회복자이며 네 노
년의 봉양자라 곧 너를 사랑하며 일곱 아들보다 귀한 네
며느리가 낳은 자로다 (룻 4:14-15)

이방 여인이었던 룻은 많은 사람들의 축복을 받으면서 예
수 그리스도의 조상의 반열에 앉는다(마 1:5). 룻이 보아스
에게 낳은 오벳은 다윗의 조부다. 실로 상상조차 할 수 없는
복이었다.

룻처럼 우리 역시 축복사역(Blessing Ministry)을 통해 복
의 근원이신 하나님으로부터 큰 복을 받아 누릴 수 있다.

10. 다윗

다윗은 그 누구보다 복을 사모하는 자였다.

이제 청하건대 종의 집에 복을 주사 주 앞에 영원히 있게
하옵소서 주 여호와께서 말씀하셨사오니 주의 종의 집이
영원히 복을 받게 하옵소서 하니라 (삼하 7:29)

다윗은 복을 사모하는 자였지만 누구보다 하나님을 복으
로 삼은 자였고 하나님의 집(성전)에 거하는 것을 지복으로
삼은 자였다.

내가 여호와께 아뢰되 주는 나의 주님이시오니 주 밖에는
나의 복이 없다 하였나이다 (시 16:2)
주의 집에 사는 자들은 복이 있나니 그들이 항상 주를 찬
송하리이다 (시 84:4)

하나님과 하나님의 임재를 사모하던 그는 왕으로 기름 부
음 받은 후 정처 없이 노숙(露宿)하던 하나님의 언약궤를 예
루살렘 성에 안치하고자 했다. 한 번의 실수(삼하 6:1-10, 그

의 정성은 말씀을 벗어난 정성이었다)를 범한 이후, 그는 모세의 법대로 하나님의 궤를 제사장들로 하여금 메어오게 하였다. 하나님의 궤가 예루살렘 성으로 들어올 때, 그는 거의 벌거벗은 몸으로 엑스타시 속에서 찬양하며 춤을 추었다. 그것은 노예들이나 하는 짓이었다. 이 행동을 힐난하는 아내 미갈에게 그는 "내가 하나님 앞에서 노예보다 낮아진다 하여도 그렇게 할 것이라"고 말하며 하나님 앞에서 자신을 낮추는 겸손을 보였다.

하나님께 제사를 드린 후, 그는 여호와의 이름으로 백성을 축복했다(삼하 6:18). 뿐만 아니라 그는 가족을 축복하기 위해 집으로 돌아왔다(삼하 6:20, 대상 16:43). 여기서도 축복의 메시지는 기록되어 있지 않지만, 그는 온 힘과 정성을 다해 백성을 축복하였으리라. 여기서 우리가 눈 여겨 보아야 할 중대한 사실이 있다. 그것은 다윗이 가족을 축복하기 위해 집으로 돌아왔다는 것이다. 물론 한 집안의 가장(家長)은 가장으로서 바깥일을 마치고 집에 돌아와서 쉬어야 한다. 가족과 대화도 나누고, 이러저런 일들을 돌보아야 하고, 나름의 취미생활도 해야 한다. 그러나 중요한 것은 가장이 집으로 돌아오는 목적은 가족을 축복하는 것이어야 한다는 사실이다.

11. 솔로몬

　부친 다윗의 뜻을 받들어 하나님의 성전 건축을 마친 솔로
몬은 하나님을 송축한 후(왕상 8:13), 그동안 성전 건축을 위
해 협력하고 헌신한 백성들을 축복했다(왕상 8:14, 55, 66).

　여호와를 찬송할지로다 그가 말씀하신 대로 그의 백성 이
스라엘에게 태평을 주셨으니 그 종 모세를 통하여 무릇
말씀하신 그 모든 좋은 약속이 하나도 이루어지지 아니함
이 없도다 그런즉 너희의 마음을 우리 하나님 여호와께
온전히 바쳐 완전하게 하여 오늘과 같이 그의 법도를 행
하며 그의 계명을 지킬지어다 (왕상 8:56, 61)

　백성에 대한 솔로몬의 축복은 일견 하나님께 드리는 송축
(eulogy) 같아 보인다. 그렇다. 본래 축복은 하나님의 백성
이 하나님께 드리는 것이다.

O Lord, You will open my lips
and my tongue shall declare Your praise.
You are blessed, O Lord our God

and the God of our Fathers, the God of Abraham,

the God of Issac, the God of Jacob:

the great, powerful and terrible God,

the Most High God.

Reward of Your faithful servants,

Master of all things:

You who remember Your mercies to our fathers,

who will give a redeemer to their children,

for the sake of Your Name, in Your love:

the king, willing to aid, who saves and protects:

You are blessed, O Lord, the shield of Abraham

(The Shemoneh Esreh: Eighteen Blessings)

오 주님, 당신은 우리 입술을 여시어
우리의 혀로 당신을 찬양하게 하십니다.
복되서라(복 받으소서). 주 우리 하나님
그리고 우리 조상 아브라함과 이삭과 야곱의 하나님:
위대하시고 권세 있으시고 두려우신 지극히 높으신 하나님.
당신의 신실한 종들에게 상 베푸시는 천하 만물의 주님:
우리 조상에게 베푸신 자비를 기억하사

당신의 거룩하신 이름을 위하여 당신의 사랑 안에서
우리를 구속하시나이다:
왕이시며, 기꺼이 도우시며, 구원하사 보존하시나이다:
복되셔라(복 받으소서). 주님, 아브라함의 방패시여.
                    (세모네 에스레의 '열여덟 축복')

You are holy, and Your Name is Holy,

and the Holy Ones

Praise You unceasingly, for You are God,

the King, great and Holy:

Blessed be You, O Lord: God! King! Holy One!

                    (The hymn of the Seraphim)

당신은 거룩하시며, 당신의 이름 또한 거룩하시며

당신은 하나님이시며, 왕이시며, 위대하시고 거룩하시므로

거룩한 자들이 쉬지 않고 당신을 찬미하나이다:

복되셔라(복 받으소서), 오 주님:

하나님이시여! 왕이시여! 거룩하신 분이시여!

                    (이사야의 환상에서 본 '세라빔의 찬미')

솔로몬은 하나님을 송축하고 또 백성을 축복했다. 그리고 솔로몬의 축복에 대한 화답으로 백성들 또한 솔로몬 왕을 축복했다(왕상 8:66). 하나님을 송축(축복)한 왕이 하나님의 이름으로 백성을 축복하고, 또한 왕의 축복을 받는 백성이 왕에게 축복하는 아름다운 관계! 이것이야말로 하나님이 진정으로 바라시는 올바른 관계다.

12. 히스기야의 개혁과 축복

이십오 세에 왕위에 즉위한 히스기야, 그는 이름대로 강하신 '여호와의 힘'을 의지한 왕이었다. 그는 조상 다윗의 모든 행실과 같이 여호와 보시기에 정직하게 행하며(대하 29:2), 여호와의 전을 성결하게 하는 개혁을 주저 없이 단행했다(대하 29:3이하).

온 백성으로 하여금 유월절을 위시한 절기를 준수하게 하며(대하 30:1이하), 각종 우상을 훼파하며, 여호와의 율법에 충실한 삶을 살도록 백성의 믿음을 회복시키는 일을 단행했다. 개혁에 동참했을 뿐만 아니라 여호와께 드리려고 백성들이 가져온 성물의 십일조 더미가 쌓인 것을 본 히스기야는 여호와를 송축하고 그의 백성을 축복했다(대하 31:8). 히스기야 또한 지도자인 왕은 백성을 축복하는 자임을 보여준 대표적인 사례다.

앞에서 언급한 바와 같이, 가정 안에서 부모가 자식을 축복하고 자식이 부모를 축복하는 관계, 교회 안에서 목회자가 회중을 축복하고 회중이 목회자를 축복하며, 더 나아가 세상 안에서 이웃을 축복하고 축복을 받은 이웃으로부터 축복을 받는 상호 축복의 관계(mutual blessing relationship)가 이뤄진다면, 우리가 속한 가정뿐만 아니라 믿음의 공동체, 그리고 우리가 속한 사회는 얼마나 아름답고 복되어질까?

비록 축복하였다는 직접적인 표현은 없을지라도 위에서 예를 든 인물들 외에 구약성경의 많은 인물들은 때로는 책망과 권고도 했지만 직간접으로 하나님의 백성을 격려(encouragement)하고 힘을 부여(enforcement)함으로써 그들의 삶을 부요(enrichment)하게 하였다. 이 모두가 축복사역의 범주에 든다고 말할 수 있다.

이제 계속하여 신약에서 축복하는 사람들을 간략히 살펴보도록 하자.

13. 예수 그리스도

신약성경에서 그 누구보다 축복사역을 하신 대표적인 분은 우리 주 예수 그리스도시다. 예수 그리스도는 주변의 많은 사람들을 칭찬하시고(마 8:10) 격려하시고 축복하셨다. 직접 복을 주실 수 있는 권세와 능력을 가지신 분이 축복하셨다. 축복하셨다는 직접적인 표현은 어린아이들에게 베푸신 축복사역에서 확연히 드러난다:

> 사람들이 예수께서 만져 주심을 바라고 어린 아이들을 데리고 오매 제자들이 꾸짖거늘 예수께서 보시고 노하시어 이르시되 어린 아이들이 내게 오는 것을 용납하고 금하지 말라 하나님의 나라가 이런 자의 것이니라 내가 진실로 너희에게 이르노니 누구든지 하나님의 나라를 어린 아이와 같이 받들지 않는 자는 결단코 그 곳에 들어가지 못하리라 하시고 그 어린 아이들을 안고 그들 위에 안수하시고 축복하시니라 (막 10:13-16)

교회 전승에 의하면 그때 축복받은 어린아이 가운데 한 아이는 초대교회의 한 저명한 교부가 되었다고 한다. 어디 교부가 된 그 아이뿐이겠는가? 예수님의 축복을 받은 아이들은 모두 나름대로 소중한 인물이 되었으리라.

이 외에도 예수의 안수를 받은 자들에 대한 기록은 많다. 예수님이 하신 모든 안수는 축복의례(Blessing Rites) 혹은 축복사역(Blessing Ministry)의 범주 안에 든다(참조, 막 10:16, 눅 13:13).

14. 예루살렘의 사도들

오순절 성령이 임하시므로 사도들은 권능을 입었다. 사도들은 오로지 기도하는 일과 말씀 전하는 일에 전무하며 스데반을 위시한 여러 일꾼들에게 안수했다(행 6:6, 8:17, 9:17 등). 안수 이후 전도사역은 더 활성화된다:

> 하나님의 말씀이 점점 왕성하여 예루살렘에 있는 제자의 수가 더 심히 많아지고 허다한 제사장의 무리도 이 도에 복종하니라 (행 6:7)

특히 안수를 받은 자들 가운데 믿음과 성령이 충만했던 스데반(행 6:5)은 열두 사도들로부터 안수를 받은 이후 "은혜와 권

능이 충만하여 큰 기사와 표적을 행하였다"(행 6:8). 전도사역
의 활성화와 그 모든 열매들, 그리고 스데반의 사역에 나타난
모든 기사와 표적은 안수라는 축복사역의 결과임이 확실하다.

15. 바울

사도 바울이 한 모든 안수(按手) 역시 축복의 범주 안에
든다(행 19:6, 28:8, 딤후 1:6 등). 또한 그가 한 말을 보면 그
는 축복사역의 범주에 속하는 말의 힘(the power of word
or language)을 누구보다 잘 알고 있었던 것 같다.

> 무릇 더러운 말은 너희 입 밖에도 내지 말고 오직 덕을
> 세우는 데 소용되는 대로 선한 말을 하여 듣는 자들에게
> 은혜를 끼치게 하라 (엡 4:29)

16. 사도 야고보

사도 바울과 같이 야고보 역시 누구를 축복했다는 직접적

인 기사는 없다(그는 안수하는 일에 참여했을 것이다). 하지만 그는 사도 바울 이상으로 복과 관련하여 말하는 혀의 권세를 잘 드러낸 사도다:

> 누구든지 스스로 경건하다 생각하며 자기 혀를 재갈 물리지 아니하고 자기 마음을 속이면 이 사람의 경건은 헛것이라 (약 1:26)
> 혀는 곧 불이요 불의의 세계라 혀는 우리 지체 중에서 온 몸을 더럽히고 삶의 수레바퀴를 불사르나니 그 사르는 것이 지옥 불에서 나느니라 (약 3:6)
> 한 입에서 찬송과 저주가 나오는도다 내 형제들아 이것이 마땅하지 아니하니라 (약 3:10)

야고보는 하나님의 축복과 그 반대인 저주를 불러올 수 있는 권세를 사람의 혀에 위탁해 놓으셨음을 깊이 인식하고 있다. 우리가 축복하는 말을 사용하면 그 말대로 복이 임하고, 만일 부정적으로 사용하면 저주가 임한다는 원리를 극명하게 그리고 단호하게 말하고 있다. 생각해 보라. 삶의 수레바퀴가 불타버리면 바퀴 없는 삶의 수레가 어찌 제대로 굴러가겠는가? 그건 화(禍) 혹은 저주임에 틀림없다!

하나님이 복과 저주를 결정할 수 있는 권세를 혀에 위탁해 놓으셨다면, 우리는 굳이 복을 달라고 구하지 않아도 되지 않을까? 우리 자신의 혀만 잘 사용하면 되니까 말이다!

이제까지 신구약을 통틀어 하나님이 사용하시는 축복하는 사람들을 간략히 살펴보았다.

　　사람이 한 세상을 살아가면서 하나님이 주고자 하시는 복을 직접 받는 일도 중요하지만, 복의 통로로 쓰임 받는 것 또한 보통 복이 아니다. 그러면 복의 통로로 쓰임 받은 사람들은 누구인가? 나도 그 쓰임 받기를 바라며 신구약을 통틀어 하나님이 사용하시는 축복하는 사람들을 정리해보자.

　* 살렘 왕 멜기세덱/ 이삭/ 야곱/ 제사장 아론/ 선지자 발람/ 여호수아/ 드보라/ 기드온에게 축복한 여호와의 사자/ 보아스/ 다윗/ 솔로몬/ 히스기야/ 예수 그리스도/ 예루살렘의 사도들/ 바울/ 사도 야고보

제8장
성경을 토대로 한 축복문(祝福文)

축복을 받는 대상들의 처지와 상황(situation), 그리고 필요(need)를 고려하여 그에 맞는 축복문을 사용할 수 있다. 준비가 되어 있을 경우, 성령께서 때마다 필요한 축복문을 영감으로 주신다. 중요한 것은 축복의 필요성에 대한 깊은 인식과 통찰, 그리고 축복할 수 있는 마음의 준비다. 성령께서 준비된 자를 축복의 통로로 사용하신다.

아래의 축복문들은 성경말씀을 근거한 것들이다. 우리의 아이디어로 창작해도 좋겠지만, 개인적인 묵상이나 기도에 있어서뿐만 아니라 축복사역에 있어서도 성경말씀을 직접 사용하는 것은 매우 중요한 의미가 있다. 성경말씀은 성령의 감동을 받아 기록된 하나님 말씀이기 때문이다.

1. 구약의 축복문

하나님은 ○○에게 하늘의 신령한 복(spiritual blessing)
과 땅의 기름진 복을 주시며
주 이름으로 번성케 하옵소서! (엡 1:3, 창 9:1, 7)

하나님은 ○○를 창대케 하시고
○○에게 임마누엘(Immanuel) 되어 주소서! (창 9:27, 마
1:23)

여호와여, ○○와 함께 하사 ○○를 범사에
형통케 하사 항상 감사가 넘치는 자 되게 하소서 (창
39:23, 살전 5:18)

천지의 주재시며 지극히 높으신 엘엘리온 하나님,
○○에게 복을 주옵소서 (창 14:19)

○○의 향취는 여호와께서 복 주신 밭의 향취로다.
하나님은 하늘의 이슬과 땅의 기름짐이며
풍성한 곡식과 포도주를 ○○에게 주시기를 원하노라

(창 27:27-29)

○○는 무성한 가지 곧 샘 곁의 포도나무(벤포라트) 가지라.
잎사귀가 푸르며 철을 따라 열매를 맺는 은총의 나무라
주 예수 안에서 자라나는 복된 나무라 (창 49:22이하, 요 15:8)

구속의 하나님, 생명의 보존자(sustainer)시여, 불기둥과
구름기둥으로 ○○의 앞날을 지도해 주소서 (출 13:21, 22)

여호와는 ○○에게 복을 주시고 ○○를 지키시기를 원하며
여호와는 그의 얼굴을 ○○에게 비추사
은혜 베푸시기를 원하며
여호와는 그 얼굴을 ○○에게로 향하여 드사
평강 주시기를 원하노라
(민 6:24-26. 한 단락씩 사용할 수 있다)

빛과 능력의 주 여호와, 주를 사랑하는 ○○가
아침 해가 힘 있게 돋음 같게 하소서 (삿 5:31, 잠 4:18)

보호자(protector)이신 이스라엘의 하나님 여호와께서

그의 날개 아래○○를 보호하시기를 원하노라! (룻 2:12).
부귀와 권세의 하나님 여호와께서 ○○로 세상에서 유력
하고 유명케 하시기를 원하노라 (대상 29:12, 룻 4:11-12)

'여호와 닛시'의 주 하나님, ○○로 하여금 어디로 가든
지 이기게 하소서 (삼하 8:6)

빛의 하나님 주 여호와여, 주는 ○○의 등불이 되사 그의
어둠을 밝혀주소서 (창 1:3, 삼하 22:29)

여호와 '아도나이' 여, ○○에게 방패와 반석이 되어 주소
서 (삼하 22:32)

자비와 긍휼의 주 여호와여, ○○에게 인자를 영원토록
베푸소서 (호 6:1, 렘애 3:22, 삼하 22:51)

거룩한 성전의 주인이신 주 여호와 하나님, ○○로 하여
금 주의 전에 야긴과 보아스 같이 기둥 되는 신실하고 충
성스런 일꾼 되게 하소서 (왕상 7:21, 갈 2:9)

마음의 진실함과 정직을 기뻐하시는 '엘에메트'의 하나님, ○○의 마음이 일평생 여호와 앞에 정직하며 온전하게 되는 복을 내리소서 (사 65:16, 왕상 15:14)

이스라엘의 병거와 마병인 엘리야의 하나님, ○○에게 갑절의 영감을 부어주소서(왕하 2:9)

구원의 하나님, ○○를 당신의 불말과 불병거로 둘러 진 치소서 (왕하 6:17)

'아도나이' 하나님, ○○로 하여금 한평생 여호와의 성호를 자랑하게 하시고, 여호와와 여호와의 능력을 구하며 여호와의 얼굴을 찾는 믿음의 사람 되게 하소서 (대상 16:10)

만물의 주재가 되시는 하나님, 주의 손에 권세와 능력이 있사오니 ○○를 크게 하시고 강하게 하소서 (대상 29:12)

주께서 ○○에게 복에 복을 더하시고
○○의 지역을 넓히시고
주의 손으로 도우사 ○○로 환난을 벗어나

근심이 없게 하옵소서 (대상 4:10)

만복의 근원이시며 인간의 생사화복을 주관하시는 여호와여, ○○로 하여금 하나님을 기뻐함으로 힘 있게 하소서 (느 8:10, 시 37:4)

이스라엘의 하나님, ○○로 하여금 온전하고 정직하여 하나님을 경외함으로 악에서 떠나게 하시고, 악한 자의 손에서 구하여 주소서 (욥 1:1)

지식의 하나님, ○○로 하여금 여호와의 말씀을 즐거워하여 주야로 묵상하며 여호와를 의지하며 의뢰하는 복 있는 자 되게 하소서 (시 1:1, 렘 17:7)

'여호와 체바오트' 의 하나님, 감찰하시는 '엘로이' 하나님, ○○에게 복을 주사 항상 불꽃같은 눈동자로 ○○를 감찰하시고, 방패와 같은 은혜로 ○○를 호위하여 주소서 (시 5:12)

마음의 정결을 원하시는 주여, ○○를 주의 장막에 머무르며 주의 성산에 설 수 있는 정직하며, 공의로우며, 주님

과 사람에게 한 약속을 신실하게 지키는 복된 자 되게 하
소서 (시 15:1-5)

‘여호와 닛시’ 의 하나님, ○○에게 승리의 깃발을 세워주
시고, 주님의 호의로 얻은 승리로 인하여 주를 송축하게
하소서 (시 2:5)

만세반석 되신 주 하나님, ○○를 당신의 초막 속에 숨겨
주시고 장막 은밀한 곳에 감추어주시며, 원수가 오르지
못할 높은 바위 위에 세우소서 (사 26:4, 시 27:5)

여호와의 사자를 보내사 ○○를 둘러 진 쳐주시고, 악한
자의 손에서 건져주시며, 세속에 물들지 않게 하소서 (시
34:7)

풍성한 은혜의 하나님, ○○로 하여금 주의 복락의 강물
을 마시게 하시고 주의 빛을 보게 하소서 (시 36:8, 9)

긍휼의 하나님, ○○로 하여금 가난하고 약한 자들에게
항상 은혜를 베풀고 나누어주는 자가 되게 하시고, 궁핍

한 자를 불쌍히 여겨 주의 약속대로 대대에 복을 누리게 하소서 (시 37:26, 잠 11:24, 12:31)

하늘과 땅의 주인이신 하나님, ○○로 하여금 항상 하나님을 앙망하고 주의 말씀을 지켜 땅을 차지하는 복을 얻게 하소서 (시 37:34)

진리의 '엘에메트' 의 하나님, ○○ 안에 정한 마음을 창조하시고 정직한 영을 새롭게 하여 주소서 (시 51:10)

영광과 찬송의 하나님, ○○로 하여금 주를 찬송하는 자로 세우사, 찬송에 비례하여 주시는 땅의 풍부한 소산을 마음껏 누리는 복의 사람 삼으소서. 찬송으로 주께서 오시는 대로를 수축하는 찬송의 제사장 삼으소서 (시 67:, 68:4)

친밀함을 원하시는 사랑의 주 여호와여, ○○로 하여금 하나님을 친밀히 하는 교제의 사람이 되게 해 주소서 (시 73:28)

길과 진리이신 주님, ○○로 하여금 시온의 대로(거룩한

길)를 걷게 하시고 사악하고 굽은 길로 들어서지 않게 하소
서. ○○에게 신앙의 동류를 붙여 주소서 (요 14:6, 시 84:5)

○○는 종려나무 같이 번성하며 레바논의 백향목 같이 성
장하리로다
○○는 여호와의 집에 심겼음이여, 하나님의 뜰 안에서
번성하리로다 (시 92:12, 13)

‘엘솨다이’ 야곱의 하나님을 도움으로 삼으며 여호와 하
나님에게 희망을 두는 ○○는 복이 있도다 (시 121:, 146:5)

인자와 진리의 하나님, 당신의 인자와 진리를 ○○의 목
에 걸어주시고 ○○의 마음 판에 새겨 주시사, 주님과 사
람 앞에서 은총과 귀중히 여김을 받는 복된 자 되게 하소
서 (잠 3:4)

모든 지혜와 지식의 하나님, 명철이 한이 없는 하나님,
○○로 하여금 하나님을 경외하며 거룩하신 하나님을 아
는 지혜자가 되게 하소서 (잠 9:10)

존귀하시고 영화로우신 주 하나님, ○○로 하여금 부모의
자랑과 면류관이 되게 하소서 (잠 23:25)

여호와 샬롬, 평강의 주 하나님, ○○로 하여금 ○○의 뿌
리를 주께 깊이 내리게 도우사, ○○의 마음이 무엇에 의
해서도 흔들리지 않고 늘 평강하게 하소서 (사 26:4)

여호와여, ○○에게 은혜를 베푸소서
○○가 주를 앙망하오니
주는 아침마다 ○○의 팔이 되시며
환난 때에 ○○의 구원이 되소서 (사 33:2)

오직 여호와를 앙망하는 ○○는 새 힘을 얻으리니
독수리가 날개치며 올라감 같을 것이요
달음박질하여도 곤비하지 아니하겠고
걸어가도 피곤하지 아니하리로다 (사 40:31)

여호와가 ○○를 항상 인도하여
메마른 곳에서도 ○○의 영혼을 만족하게 하며
○○의 뼈를 견고하게 하리니

○○는 물 댄 동산 같겠고 물이 끊어지지 아니하는
샘 같을 것이라 (사 58:11)

창조와 안식의 하나님,
○○로 하여금 당신의 성일(聖日)을 생명같이 지킴으로
즐거운 인생을 살게 하시고
땅의 높은 곳에 올라가는 부귀의 복을 얻게 하시며
믿음의 조상 야곱이 받은 물질의 복을 얻게 하소서 (사
58:13, 14)

두려우신 하나님, ○○로 하여금 주 하나님을 경외하게
하시고, 주께서 명령하신 모든 길로 걸어가 복을 받게 하
소서 (렘 7:23)

야곱의 하나님, ○○가 시온의 높은 곳에서 주를 찬송하며
여호와의 복으로 기뻐하게 하시고
○○의 마음이 여호와의 물 댄 동산 같게 하소서 (렘
32:12)

○○로 하여금 노아, 다니엘, 욥처럼

하나님을 항상 앞에 모시고
하나님과 동행하는 '코람데오(Coram Deo)'의 삶을 사는
경건한 자 되게 하소서 (겔 14:14, 20)

크시고 두려워 할 주 하나님,
주를 사랑하고 주의 계명을 지키는
○○를 위하여 언약을 지키시고 ○○에게 인자를 베푸소
서 (단 9:3)

하늘의 해와 달과 별을 지으신 하나님,
○○로 하여금 궁창에서 빛나며
수많은 사람을 옳은 데로 돌아오게 하는
지혜자가 되게 하소서 (단 12:3)

○○로 하여금 하나님을 알게 하소서
힘써 하나님을 알게 하소서
변함없는 새벽 빛 같이, 이른 비와 늦은 비 같이
○○ 위에 임하소서 (호 6:3)

주 하나님은 ○○에게 이슬과 같게 되소서

○○는 백합화 같이 피게 하소서

레바논의 백향목 같이 뿌리 내리게 하소서.

포도나무 꽃 같이 꽃이 피게 하소서

레바논의 포도주 같이 향기롭게 하소서

(호 14:5-7)

○○의 하나님 여호와는

○○ 가운데 계실 것이라

그는 ○○에게 구원을 베푸실 전능자이시라

그가 ○○로 말미암아 기쁨을 이기지 못하시며

○○를 잠잠히 사랑하시며, ○○로 말미암아 즐거이 부르며

기뻐하시리라 (습 3:17)

주 여호와여, ○○에게 불 성곽이 되소서

○○ 가운데서 영광이 되소서 (슥 2:5)

생사화복을 주관하시며 만물의 주인이신 하나님

○○로 시간과 물질의 청지기가 되게 하소서

주님과 갖는 교제의 시간을 으뜸으로 삼게 하시고

온전한 십일조를 하나님의 창고에 쌓게 하사

하늘 보고(寶庫)의 문을 여사

쌓을 곳이 없을 만큼 복을 받게 하소서 (말 3:10)

2. 신약의 축복문

십자가 위에서 목말라 하시던 예수님, ○○로 하여금

작은 자 한 사람에게 베푸는 냉수 한 그릇의 의미를

알게 하사

상(償)을 잃지 않게 하시고,

어린아이처럼 자신을 낮추는 겸손한 자 되어

천국 자리를 얻게 하시며

소유를 팔아 가난한 자들을 구제하므로

하늘 보화 얻게 하소서 (마 10:42, 18:4, 5, 19:21)

'케루빔'과 '세라빔'의 찬양과 경배를 받으시는 주 하나님

○○로 하여금 영과 진리로 주님을 예배하는

복 있는 자 되게 하소서 (요 4:23, 24)

사랑의 하나님, ○○로 하여금 주님이 주신 새 계명을 따라

모든 사람을 포용하고 섬기며 사랑하는 자 되어
주님의 사랑받는 자 되게 하소서 (요 13:34, 14:21)

의로우신 주 하나님, 죄가 ○○의 왕 노릇 못하게 하시고
자신의 몸을 의의 병기로 하나님께 드려
의에 이르게 하소서 (롬 6:12-13)

거룩(성결)을 위해 우리를 부르신 거룩하신 하나님
○○로 하여금 몸을 하나님이 기뻐하시는
거룩한 산 제사로 드리게 하소서.
○○는 이 세대를 본받지 말게 하시고
마음이 새롭게 되는 변화를 입어
하나님의 선하시고 기뻐하시고 온전한 뜻을
분별하는 자가 되게 하소서 (롬 12:1-2)

자애로우신 아버지 하나님
○○로 하여금 무엇을 먹든지, 마시든지, 무엇을 하든지
다 아버지의 영광을 위해 하는 영광스런 자녀가
되게 하소서(고전 10:31)

사랑하는 나의 ○○는

믿음, 소망, 사랑(참여) 가운데 최고인 사랑(참여)을 알아

사랑(참여)을 목적으로 삼는 삶을 사는 복된 자가 되어라!

(고전 13:13, 14:1)

심판의 주 하나님, ○○로 하여금 믿음에 견고하게 하사

흔들리지 않고 항상 주의 일에 힘쓰는 부지런한 일꾼

삼으소서(고전 15:58)

샤론의 꽃 주 예수님

○○로 하여금 항상 주님 안에서 이기게 하시고

어디로 가든지 그리스도의 냄새와 향기를 풍기는

그리스도의 향기 되게 만드소서 (고후 2:15, 16)

○○여, 혹시 인생길에서 사방으로 우겨쌈을 당하여도

싸이지 않고

답답한 일을 당하여도 낙심하지 않고

박해를 받아도 버린 바 되지 않고

거꾸러뜨림을 당하여도 망하지 않고

예수 안에서 칠전팔기하는 믿음의 사람이 되기를

원하노라(고후 4:7-9, 잠 24:16)

천지의 주재시여

당신의 풍성하신 영광을 따라서

○○의 속사람을 성령의 능력으로 강건하게 하소서

그리스도께서 저의 마음에 계시게 하소서

그리스도의 사랑을 알고 실천하면서 사랑 안에서

자라게 하소서

그리스도의 사랑의 너비와 길이와 높이와 깊이를 깨달아

하나님의 모든 충만하신 것으로 충만하게 하소서 (엡

3:14-19)

빛의 자녀 ○○여!

주 안에서 빛의 자녀로 살지어다!

착하고, 의롭고, 진실한 자 될지어다! (엡 5:8)

무에서 유를 창조하시고

있는 것을 폐하시는 하나님

빛과 어둠을 지으시는 하나님

환난과 평강도 지으시는 하나님

죽이기도 하시고 살리기도 하시는 하나님

낮추기도 하시고 높이기도 하시는 전지전능하신 하나님
○○를 염려에서 자유롭게 하시고
감사함으로 기도에 깨어있게 하시고
주님의 평안으로 저의 마음을 지켜주소서
(빌 4:6,7, 참조: 사 45:7, 신 32:39, 애 3:38, 삼상 2:6이하)

사랑하는 나의 ○○ 안에
그리스도의 말씀이 풍성히 거하며
지혜와 시와 찬송과 신령한 노래로 하나님을 찬양하며
말이나 일이나 매사를 주 예수 이름으로 하고
그리스도를 힘입어 하나님께 감사하는 자 되기를
원하노라(골 3:16, 17)

너 하나님의 사람 ○○여,
자족(自足)하는 마음을 가질지어다!
부(富)에 대한 욕심을 버리며, 돈을 사랑하지 말며
오로지 의와 경건과 믿음과 사랑과 인내와 온유를 추구하며
믿음의 선한 싸움을 싸우는 영적 전사(戰士)가 될지어다
하나님은 이를 위해 너를 부르셨도다! (딤전 6:9-12, 잠

30:7-9)

○○에게 하나님의 성령을 부으소서!

약속하신 성령을 충만히 부으소서!

○○로 하여금 성령의 사람이 되게 하소서!

성령이시여, ○○를 진리의 길로 인도하시고

복음의 전사로 복음을 증거하게 하소서, 땅 끝까지!

(딛 3:6, 요 16:13, 마 28:19-20)

사랑하는 나의 ○○여,

너의 믿음의 성장을 위해

믿는 도리의 사도이신 예수를 깊이 생각하라!

사람들이 대적할 때 자기를 거역한 자들을 참으신

예수를 생각하라!

믿음의 주요 온전하게 하시는 예수를 바라보라!

(히 3:1, 12:2, 3)

오직 ○○는 하나님의 택하신 족속

왕 같은 제사장

그분의 소유가 된 백성! (벧전 2:9)

사랑하는 ○○여, 사랑하는 자 되라.

사랑하는 자는 하나님께로 나서 하나님을 알고

사랑하지 않는 자는 하나님을 알지 못하노라.

하나님이 독생자를 세상에 보내심은

나의 사랑하는 자 ○○를 살리기 위함이라.

하나님이 그 아들을 화목제물로 보내셨노라.

하나님이 이같이 ○○를 사랑하셨으니

○○도 서로 사랑하는 것이 마땅하도다. (요일 4:12)

3. 결혼을 위한 축복문

밤하늘을 별들로 아름답게 수놓으시듯 결혼을 통해 우리
에게 복 주신 주 하나님, 이 두 사람 ○○와 ○○의 결혼
에 함께하소서.

이 시간 이후 두 사람의 사랑이 두 사람의 앞날을 이끌지
말게 하시고, 두 사람의 사랑보다 높은 실재인 하나님께서
세우신 제도인 결혼이 두 사람을 이끌게 하소서. (마 19:6)
인생의 항해에 순풍을 주시고, 혹 역풍이 불 때 보호의 은
혜를 주소서. (잠 16:3, 시121:)

결혼이 두 사람의 사랑의 도피처가 되지 않게 하시고, 하나님과 이웃을 더 잘 섬기기 위한 길이 되게 하소서. (고전 10:31)

교회가 그리스도께 하듯 아내(신부)는 남편에게 복종하며, 신랑은 그리스도께서 교회를 위하여 자신을 주심같이 헌신적으로 사랑하게 하소서. (엡 5:24)

경건하고 건강한 복된 자녀를 허락하시고, 남을 도울 수 있는 물질의 복을 주시고, 인간관계의 복을 허락하소서. (시 128:3)

예수 그리스도의 복음의 증인으로 살게 하시고, 주님의 몸된 교회에 충성스런 일꾼이 되게 하소서. (마 28:19-20, 고전 4:1)

4. 출산을 위한 축복문

생명의 창조자이신 하나님, 여호와의 기업인 ○○를 이 가정에 선물로 주셨사오니, 주님이 어린아이였을 때처럼 지혜와 총명을 주시고, 건강하게 성장하게 하시고, 하나님과 사람들에게 사랑받는 자 되게 은총을 베푸소서. (눅 2:52)

이 아이가 자라서 하나님의 기쁨이 되게 하시고, 부모의 자랑과 면류관 되게 하시고, 이웃의 기쁨이 되게 하소서. (살전 2:4, 롬 15:2)

섬김을 받는 자가 되기보다는 이웃을 섬기며 이웃에게 필요한 자가 되게 하소서. (마 23:1)

인생의 길목마다 도우시는 은혜를 예비해 주시고, 좋은 스승, 좋은 친구들, 좋은 반려자를 만나게 해 주소서. (잠 12:4, 18:22)

열매 맺는 예수 그리스도의 제자가 되게 하시고, 한평생 사는 동안 하나님의 복의 통로로 쓰임 받게 하소서. (요 15:8, 창 12:3)

5. 생일을 위한 축복문

생명의 창조자(Creator)이시며, 유지자(Sustainer)이시며, 보호자(Protector)이신 주 하나님, 제○회 생일을 맞는 사랑하는 ○○에게 복을 내려 주소서. 여호와께 복을 얻은 ○○로 하여금 하나님을 기뻐하는 자, 곧 여호와 안에서 기쁨을 발견하는 자(finding joy in Yahweh), 여호와 하나님을 인생의 자원으로 삼는 자(making Yahweh as his/her resource)가 되게 하시고, 여호와를 의지하고 신뢰하는 자로 세우셔서 저의 앞날이 정오의 빛 같이 되게 하소서(시 37:4-6). 산들이 예루살렘을 두름과 같이 ○○를 지금부터 영원까지 둘러주소서(시 125:2)

6. 육순(칠순)이나 수연 등을 위한 축복문

의인을 종려나무 같이 번성하게 하시며, 레바논의 백향목 같이 성장하게 하시는 의로우신 주 하나님, 여호와의 집에 심겨주신 사랑하는 ○○를 복 주시사 늙어도 결실하며, 진액이 풍족하며, 빛이 청청하여 여호와의 정직하심을 나타내소서(시 92:12-15). 주님을 경외하며 사랑하는 ○○의 후손이 땅에서 강성하며 복을 받게 하소서(시 112:2)

7. 환자를 위한 축복문

독생자 주 예수 그리스도의 채찍 맞음으로 우리 병을 고치신 여호와 라파 하나님(사 53:5, 출 15:26, 벧전 2:24), 사랑하는 ○○의 병의 자리를 고쳐 펴 주시고 건강을 회복시키소서(시 41:3). 육신의 건강의 복을 ○○에게 주사 주님의 영광의 도구로 사용하게 하소서(벧전 1:14).

8. 임종을 앞둔 자를 위한 축복문

오, 우리의 생명의 창조자시며 생명의 중심이신 자애로우신 아버지 하나님! 주님이 예비하신 본향에서 쉼을 갖기 위해 죽음을 맞이하는 사랑하는 ○○에게 주님의 부활에 대한 기억과 성령의 능력에 대한 믿음의 복을 주소서. ○○로 하여금 우리의 반석(Rock), 우리의 구속자(Redeemer), 그리고 우리의 궁극적인 안전(Ultimate Security)이신 주 하나님께 신뢰를 두는 복을 주소서.

9. 입주(入住)를 위한 축복문

하늘을 나는 새들에게 보금자리를 주시고, 여우와 너구리에게도 굴을 주시는 자비로우신 주 하나님! 오늘 ○○에게 성실하게 땀 흘린 노동의 열매로 육신이 편히 쉴 수 있는 장막의 복을 주셨사오니 감사와 영광을 받으소서. ○○로 하여금 오늘의 복이 하나님의 선물인 줄 알게 하시고, 이 장막을 자신의 소유물이 아니라 하나님의 영광의 도구로 사용하게 하소서. 예수 그리스도의 피로 이 장막을 덮으사, 이 장막의 땅과 장막에 있는 모든 악한 영들을 추방하소서. 이 장막에 사는 모든 가족에게 평강의 복을 주시고, 또한 이 장막에 들어오는 자마다 주의 평강을 얻게 하소서. 믿음의 조상 아브라함처럼 영원한 본향 집을 사모하면서 순례의 길을 걷게 하소서.

10. 입학과 졸업을 위한 축복문

알파와 오메가이시며, 처음과 나중이신 주 하나님(계 1:8), 오늘 학교를 입학(졸업)하는 ○○에게 복을 주소서. 입학과 졸업은 우리 인생의 무대에서 단지 하나의 과정이오니, 새롭게 시작하고 끝마치는 이 과정에 서 있는 ○○로 하여금 인생의 지도자(The Leader of life)이신 주 하나님께 인생의 모든 과정을 위탁하는 믿음의 복을 주소서. 인생길이 걷는 자에게 있지 않고 주 하나님께 있으며, 하나님을 의지하고 범사에 하나님을 인정하는 자의 길을 평탄하게 하시는 주 하나님이심을 믿게 하소서(렘 10:23). 솔로몬에게 주셨던 지혜와 명철을 부여해 주시고(왕상 3:12), 세상의 지식과 인간의 경험의 한계를 겸손히 인정하고 하나님 앞에서 겸손하게 하소서. 자신의 부귀영화를 목표로 삼지 않고 이웃의 행복을 목표로 삼아 학업에 정진하고 직장을 선택하게 하소서.

11. 개업과 사업 확장을 위한 축복문

무소불능하시며 모든 경영을 이루시는 전지전능하신 주 하나님(욥 42:1), 생존과 인생의 즐거움을 위해 노동의 힘을

주시는 친절하신 하나님(전 3:13), 오늘 새로운 사업을 시작
하는 ○○에게 경영의 지혜의 복을 주옵소서. 주 하나님을
이 사업의 경영주로 삼게 하소서. 이 사업장에 관계된 모든
이들에게 복을 주시고 관계된 모든 일에 형통의 복을 베푸
소서. 주 하나님의 능력의 손으로 이 사업장의 모든 장애물
들을 제거해 주시고, 모든 불순한 악령들의 역사를 금지하
소서. 이 사업을 여호와의 물댄 동산같이 기름지게 하소서.

12. 성찬 참여자를 위한 축복문

오 주님, 주님의 거룩하신 아들의 살과 피에 참여하는
○○에게 성결의 은총을 내리소서.
주님의 살과 피에 참여하는 ○○를
모든 죄와 세속적인 것들로부터 성별시켜 주시고
○○를 당신의 거룩한 종으로 복되게 사용하여 주소서.

13. 목사 안수자를 위한 축복문

오 주님, 이 종 ○○를 주님의 소유로 삼아주소서
주님 가신 십자가 길을 걷고자
○○ 자신과 세상의 모든 것들을 버리오니
주님의 사랑과 은혜로 ○○를 채워주소서
주님의 임재와 동행을 허락하소서

성령의 기름 부으사 능력과 은사로 덧입혀주소서
영혼을 사랑하는 마음을 주사
더러운 이를 탐하지 말게 하시고
자신을 비워 양들을 부요하게 하는
신실한 목자 되게 하소서

고난 앞에서 좌절 말게 하시고
형통 앞에서는 자만하지 말게 하소서

마지막 날 주님 앞에 설 때
착하고 신실한 종으로 상 받도록 복을 주소서

축복을 받는 대상들의 처지와 상황(situation), 그리고 필요(need)
를 고려하여 그에 맞는 축복문을 사용할 수 있다. 준비가 되어 있을
경우, 성령께서는 그때마다 필요한 축복문을 영감으로 주신다. 중요
한 것은 축복의 필요성에 대한 깊은 인식과 통찰, 그리고 축복할 수
있는 마음의 준비라고 할 수 있다. 성령께서 준비된 자를 축복의 통
로로 사용하시는 것이다.

본문에 있는 축복문들은 성경말씀을 근거한 것들이므로 다양하게
사용할 수 있을 것이다.

*구약의 축복문/ 신약의 축복문/ 결혼을 위한 축복문/ 출산을 위한
축복문/ 생일을 위한 축복문/ 축하연을 위한 축복문/ 환자를 위한
축복문/ 임종을 앞둔 자를 위한 축복문/ 입주를 위한 축복문/ 입
학과 졸업을 위한 축복문/ 개업과 사업 확장을 위한 축복문/ 성찬
참여자를 위한 축복문/ 목사 안수자를 위한 축복문/

제9장
교회사에 나타난 축복문

시대와 지역 사회를 뛰어넘어 믿음의 선진들의 발자취를 더듬어보는 일은 우리에게 신앙적으로 큰 위로와 도움을 준다. 필자는 그 중에서도 우리들이 별로 관심을 기울이지 않고 소홀히 여긴 부분은 축복문이 아닌가 생각한다. 그에 관한 자료를 찾아내기는 그리 용이한 일이 아니더라도, 그리고 비록 다방면의 자료는 찾아내지 못하였을지라도, 우리들의 믿음의 선진들 역시 축복하는 일이 믿음의 삶에서 중요한 부분이라는 것을 인식하고 있었다는 사실과 축복사역(Blessing ministry)을 위해 그들이 애를 썼다는 사실을 발견하는 것 하나만으로도 본 장은 의미가 있을 것이다.

필자가 찾아낸 다음의 몇 가지 축복문은 위의 논지를 뒷받침 해 줄 것이다.

1. 안전과 보호를 위한 축복문

오, 여러 세대를 걸쳐 우리 조상의 피난처가 되신 하나님!

모든 시간과 모든 필요한 환경 안에서 ○○의 피난처가

되어주소서.

어둠과 의심의 모든 것을 지날 때에도 ○○의 인도자가

되어주소서.

○○의 영적 복지(福祉)를 위협하는 모든 것으로부터

○○의 보호자가 되어 주소서.

시험의 때에 ○○의 힘이 되어주소서.

주님의 평강으로 ○○의 마음을 즐겁게 하소서.

(존 벨리)

2. 시험에서 승리를 얻기 위한 축복문

우리와 같이 모든 일에 시험 받으신 복되신 주님

우리 ○○의 연약함에 자비를 베푸소서.

○○에게 힘을 베푸소서.

○○로 하여금 오직 주님만을 두려워하게 하소서.

시험의 때에 ○○를 후원하여 주소서.
위험의 때에 ○○를 감싸 주소서.
선한 용기를 가지고 주의 일을 하도록 ○○를 도우시고
○○의 생명이 끝나는 날까지 주님의 신실한 종으로
○○를 사용하시는 복을 주소서.

(주교 브룩 포스 웨스트캇)

오, 주님! 알지 못하는 앞날에 대한 두려움에서
실패의 두려움, 가난의 두려움, 고독의 두려움,
그리고 질병과 고통에 대한 두려움에서
○○를 건져 주소서.
오, 아버지 하나님! 아버지의 은혜와 사랑으로
○○의 마음을
용기와 사랑과 아버지에 대한 신뢰로
가득 채우시는 복을 주소서.

(나이지리아의 아카누 이바임)

주님께서 ○○에게 모든 선한 것으로 복을 주사

모든 악에서 지켜주시기를 축복하노라.

사랑의 지혜로 ○○에게 빛을 주시고

영원한 지식을 은혜로이 주시고

그의 사랑의 얼굴을 드사

○○에게 영원한 평강 주시기를 축복하노라.

(사해사본)

4. 구원과 부요를 위한 축복문

주 하나님이 ○○에게 모든 하늘의 복을 주사

주님 보시기에 ○○를 순결하고

거룩하게 하시를 축복하노라.

그의 영광의 부(富)로 ○○를 둘러주시고

진리의 말씀으로 ○○를 가르치시고

구원의 복음을 알려주시고

그의 사랑으로 ○○를 부요하게 하시기를 축복하노라.

(갈라시안 성례문)

5. 전인구원을 위한 축복문

영원하신 하나님께서 ○○의 몸을 보호하시고
○○의 영혼을 구원하시고
○○의 생각을 지도하시고
○○를 하나님과 아들과 성령이 다스리시는
영혼의 본향 하늘나라로 안전하게 인도하시기를
축복하노라.   (사룸 브레비어리)

6. 의로운 삶을 위한 축복문

주 예수 그리스도께서 ○○를 가까이 하사
○○의 영혼을 소성시키시고, ○○의 영혼을 인도하시고
아버지와 성령과 함께 사시고 통치하시는 그리스도께서
○○를 의롭다 하시기를 축복하노라.
                    (10세기 아논)

7. 하나님의 임재를 위한 축복문

모든 이해를 초월하시는 하나님의 평강이

하나님의 지식과 사랑 안에서

○○의 생각과 마음을 지키시며

그의 아들 우리 주 그리스도와

전능하신 아버지 하나님과 성령의 축복하심이

항상 ○○와 함께 하시기를 축복하노라.

(1549, 공동기도서)

8. 형통을 위한 축복문

길이 일어나서 ○○를 만나며

바람은 항상 ○○의 등 뒤에서 불며

태양은 ○○의 얼굴을 따뜻하게 비추며

비는 ○○의 밭에 부드럽게 내리기를 축복하노라.

주 하나님, 당신의 영광의 손으로 ○○를 붙드소서.

(옛날 갈리안 사람들의 축복문)

9. 살고 있는 지역을 위한 축복문

영원하신 주 하나님! 이 도시를 축복하소서.

이 도시를 악한 영으로부터 보호해 주소서.

이 도시를 지혜로 인도하소서.

이 도시 안에서 가정을 이룩하는 모든 이들을 축복하사

그들이 하는 모든 일들을 신실하고 안전하게 행하도록

복 주소서.

이 도시의 사람들이 굳게 결속하도록 하시고

즐겁고 번영하며

과거의 선한 유산을 보존하도록 도우소서.

의와 사랑에 기초한 앞날을 세우도록 도와주시고

모든 영광은 창조주 하나님께 돌리도록 복 내려 주소서.

(G. A. 도성을 위한 축복)

10. 성결예식 축복문

풍성한 사랑을 ○○ 위에 부으시는 하나님께서

그의 은혜의 강물을 ○○에게 흘러 보내시기를

축복하노라.

○○에게 복 주시고

그의 거룩한 두려움 안에 ○○를 지키시며

행복한 영원을 준비해주시며

썩지 않는 영광 안으로 ○○를 받아주시기를 축복하노라.

(카벤트리 성결예식 축복)

11. 주님을 찾는 자를 위한 축복문

주님 주시는 복이 ○○ 위에 계시고

주를 찾는 ○○를 자비 가운데 만나주시고

주를 기뻐하는 ○○에게 평화의 복 주시기를 원하노라.

(헨들레이 모울, 1841)

12. 잠자리에 들 때의 축복문

오 주님! 잠자리에 드는 ○○를 잠자는 동안 지켜주시고

주님과 함께 일어나게 하시되

잠자는 동안 평강 속에 쉼을 갖게 하소서.
(사룸 브레비어리)

13. 수세자(水洗者)를 위한 축복문

오 주님! 사랑하는 ○○ 형제(자매)가
하나님의 복되신 아들 우리 주 예수 그리스도의
죽음 안으로 들어가는 세례를 받으오니
모든 부패한 애정이 ○○와 장사되게 하소서.
무덤과 사망의 문을 지나 즐거운 부활 안으로
들어가게 하소서.
주 예수 그리스도의 이름으로 축복하나이다.
(BCP, 부활절 전날)

14. 병상에 있는 자를 위한 축복문

오 하나님! 지난 날 우리의 도움이 되셨고
장차 올 세대를 위해 우리의 희망이 되신 하나님!

특별한 필요의 때에 처한 ○○와 이제 함께 하소서.

우리는 당신을 우리의 창조주와 구속주로

고통당할 때의 반석으로 고백하오니

○○의 생명 안에 치유의 힘을 부으시는 복을 주옵소서.

당신의 성령을 ○○에게 부으시사

○○의 내적 존재를 강하게 하소서.

모든 병의 자리를 고쳐 펴 주시리라고 약속하신

당신의 말씀대로

○○의 육신을 강건하게 하시는 복을 내려주소서.

(페리 H. 비들)

15. 결혼식의 축복문

영원하신 하나님이 ○○와 ○○ 두 사람을

서로를 향한 사랑 안에서 지키시기를 축복하노라.

그리스도의 평강이 ○○와 ○○ 두 사람의 가정에

머물기를 축복하노라.

○○와 ○○ 두 사람이 하는 모든 일이

하나님과 이웃을 섬기는 일이 되기를 축복하노라.

◯◯와 ◯◯ 두 사람은

이 세상에서 하나님을 증거 하는 증인이 되고

사랑을 찾는 모든 자들이 ◯◯와 ◯◯ 두 사람에게서

친절한 우정을 찾게 되기를 주 이름으로 축복하노라.

(페리 H. 비들)

시대와 지역 사회를 뛰어넘어 믿음의 선진들의 발자취를 더듬어 보는 일은 우리에게 신앙적으로 큰 위로와 도움을 준다. 교회사를 통해 나타난 신앙의 위인들의 축복문을 살펴보는 것은 매우 큰 도움이 될 것이다.

*안전과 보호를 위한 축복문/ 시험에서 승리를 얻기 위한 축복문/ 악으로부터 승리를 얻기 위한 축복문/ 구원과 부요를 위한 축복문/ 전인구원을 위한 축복문/ 의로운 삶을 위한 축복문/ 하나님의 임재를 위한 축복문/ 형통을 위한 축복문/ 살고 있는 지역을 위한 축복문/ 성결예식 축복문/ 주님을 찾는 자를 위한 축복문/ 잠자리에 들 때의 축복문/ 수세자를 위한 축복문/ 병상에 있는 자를 위한 축복문/ 결혼식의 축복문

맺는 말

5월이 되면서 여기저기서 꽃 박람회가 열리고 있다. 그윽한 향기를 내뿜는 형형색색의 아름다운 꽃들 틈바구니에서 나뒹구는 어린이들과 연인들, 그리고 아이들의 고사리 손 잡은 어른들의 물결이 꽃들과 한껏 조화를 이룬다. 꽃밭에서 마음을 닫는 이는 그 누구도 없다. 꽃은 사람의 마음을 여는 힘이 있기 때문이다.

우리 크리스천의 가정도 5월의 꽃밭처럼 아름다워졌으면 한다. 하나님께서 주신 축복의 원리를 따라 삶의 수레바퀴를 힘껏 돌리면서 말이다.

그런데 축복이란 말에 대해 거부감을 갖는 이들이 있다. 이는 성경말씀의 오용이나 편협된 적용으로 말미암은 부작용 때문일 것이다. 하지만 하나님은 순례 백성들이 순례의 삶(pilgrimage)을 사는 동안 복되게 살기를 원하신다. 그 복이란 굳이 물질적인 복만을 의미하지는 않는다. 하나님이 지으신 걸작품(masterpiece)인 우리 모두가 가치 있는 존재로 살아가는 것이 복이며, 하나님이 손수 세우신 가정이 순기능 가정 혹은 복된 가정으로 삶의 보금자리가 되는 것이 복이다. 그에 이르도록 복되신 하나님(The Blessed God)은 축복의 원리를 주신 것이다.

우리가 할 일은 가정을 위시한 믿음의 공동체와 그 외 모든 관계에서 축복(Blessing) 혹은 축복사역(Blessing ministry)을 실천하고 확대해 가는 것이다.

아무쪼록 함께 순례의 길을 걷는 모든 크리스천들이 하나님께서 주신 원리를 삶에 적용함으로써 하나님께서 원하시는 복된 삶의 주인공이 되기를, 그리고 복된 가정이 되기를 기원한다.